ひろばブックス

子どもに「させる」から、
子どもが「したくなる」へ

造形活動が変わる!

こども環境デザイン研究所
矢生秀仁 著

メイト

はじめに

みなさん、こんにちは。
本書を手に取っていただき、ありがとうございます。
ぼくは保育現場を中心に造形活動の実践をしている、
矢《や》生《おい》秀《ひで》仁《ひと》と申します。
子どもたちからは〝ひでちゃん〟と呼ばれることが多いので、
本の中ではありますが、みなさん気軽にひでちゃんと
呼んでいただければと思います。

さて突然ですが、1つ質問です。
みなさんは絵を描いたり、ものを作ったりすることが好きですか？

研修会でこの質問をすると、ほとんど手があがりません。
次に「うまくはないけれど、好きな人？」
こんなふうに聞くと、少し増えて3分の1くらいの人の手があがります。
この反応から見えるのは、多くの方は、
描くこと・作ること＝表現することに対して、
苦手意識をもっているということです。
そして、本当は表現することが好きな人も、自分の「好き」よりも
上手・下手を気にしているということです。

今度は、みなさんが出会った1歳、2歳、3歳の子どもたちの姿を
思い返してみてください。
はじめてのお絵描き。はじめてのはさみ。このとき、子どもたちは
どんな顔をしていましたか？
うまい・つたないに関わらず、子どもたちはみんな楽しそうに描いたり、
作ったりしていたのではないでしょうか。

その子どもたちが、園の製作活動や学校の図工・美術で
様々な方法を学び、大人になったら表現することが好きと
いえなくなっている。これって、変だと思いませんか。

今、子どもの造形活動は、大きく見直す時期に来ているのだと思います。

「ぼくたちは、子どもの造形活動で何を大切にするべきなのか」

本書では、この問いを出発点にして、子どもたちがのびのびと
表現するための環境づくりや実践のポイントを紹介します。併せて
「やらない子」「まねする子」「時間のかかる子」「ふざける子」など、
造形活動の場面での気になる子への関わり・支援のポイントも
お伝えします。
本書を通して、子どもも大人も、造形活動をもっと気楽に、
もっと楽しく実践できるようなお手伝いができたらうれしいです。

CONTENTS

part 4

part

1

造形活動で、本当に大切なこと

子どもたちに「させる」のではなく、子どもたちが主体的に造形活動を
楽しむためには、保育者が造形活動の本質を理解しておくことが大切です。
環境設定や導入のポイントと併せて解説します。

子どもたちにとって、造形活動が欠かせないワケ

はじめに、子どもの造形活動を考えていく上で、「そもそも造形活動とは何か」、そして「造形活動はなぜ大切なのか」という2つの根幹を整理していきましょう。ここを整理しておくと、みなさんが子どもたちとの造形活動で悩みにぶつかったときに、どう関わったり、どう対応していったりするのがよいのかを判断しやすくなります。

造形活動とは？

自分が思い・考えたこと、つまり想像したことを表現するものです。

なぜ造形活動が大切なの？

想像し、表現することは、ぼくたちが生きる上でのあらゆる活動につながっているからです。

例えば、自分の将来を考えることも、家族で休日の計画を立てることも、仕事でお客さんのことを考えることも、よりよい社会について考えることも、大切な人を想いやることも、そのどれもが**「想像」と「表現」**といえます。その原体験を、子どもたちは造形活動を通して経験しているのです。

職員同士で〝保育観〟を共有しておくことが大切

子どもとの造形活動を実践していく上で次に大切なことは、園の中で、**造形活動における〝保育観〟を共有する**ことです。なぜなら、造形活動中の子どもたちの姿は、保育者のとらえ方によってプラスにもマイナスにも見えるからです。

例えば、描画活動で、画用紙を前にじっと何かを考えていてなかなか動き出さない子どもがいるとします。このとき、みなさんはこの子をどう見ますか。下の２つの視点で見てみましょう。

このように、同じ場面を見ていても、保育観によって保育は大きく変わります。だからこそ、園では造形活動においてどのような育ちの姿を大切にしたいのか、職員間で共有しましょう。

保育観❶

「造形活動＝作品を完成させることが大切」と考えている場合

→子どもに「促す」または、「教える」という関わりになるでしょう。

保育観❷

「じっくり考え、試行錯誤することも大切」と考えている場合

→子どもを「見守る」という関わりになるでしょう。

保育観を共有できていないとどうなる？

担任が一人ひとりのペースに寄り添いたいと考えていても、まわりの保育者が「みんなが同じようにできることが育ち」と考えていると、寄り添う保育はしにくくなります。

「環境設定」の3つのポイント

POINT1

道具・材料をいつでも使えるように準備しておく

造形活動は、子どもたちの「作りたい」「描きたい」といった「思い」からはじまるもの。そのため、子どもたちが「やってみたい！」と思ったときに道具や材料を使える環境が大切です。

POINT2

道具・材料をいつでも見える場所に準備しておく

子どもたちの造形活動は、先に頭にアイデアが浮かんでからはじまるだけではなく、目の前の道具や材料をきっかけにアイデアを思いつく場合もあります。

POINT3

遊びを展開できるスペースを用意しておく

作ったもので遊ぶ空間を確保することも大切。その理由は下記の通りです。

子どもたちは、作ったもので遊んでいると、新たなアイデアが浮かぶことがよくあります。想像の世界をふくらませるきっかけの場をつくることで、遊びがさらに広がっていきます。

自分の作品で遊ぶ時間は、自分の作品に自分で満足する時間でもあります。完成した作品を飾って、他者に「上手だね」「よくできたね」と評価される喜びよりも、遊びを通して自分で自分の作品に満足する喜びをたっぷり味わう経験は、他者と比べない自信を育てます。

遊びの空間があると、クラスの中で早く作り終える子、ゆっくり作る子それぞれのペースに寄り添いやすくなります。早く作り終えた子は、ごっこ遊びを通して新たなアイデアが浮かぶとまた作るといったサイクルが生まれます。一方、ゆっくり作る子は、時間をかけて1つの作品を作ることに専念できます。

「導入」の3つのポイント

POINT1
見本は子どもたちの線や形に合わせる

保育者の導入のときの見本が上手だと、子どもたちは「先生すごい」「先生やって」という反応になりやすいため、配慮が必要です。子どもたちが「自分でも描いてみたい」「自分にもできそう」と思える線や形を意識しましょう。

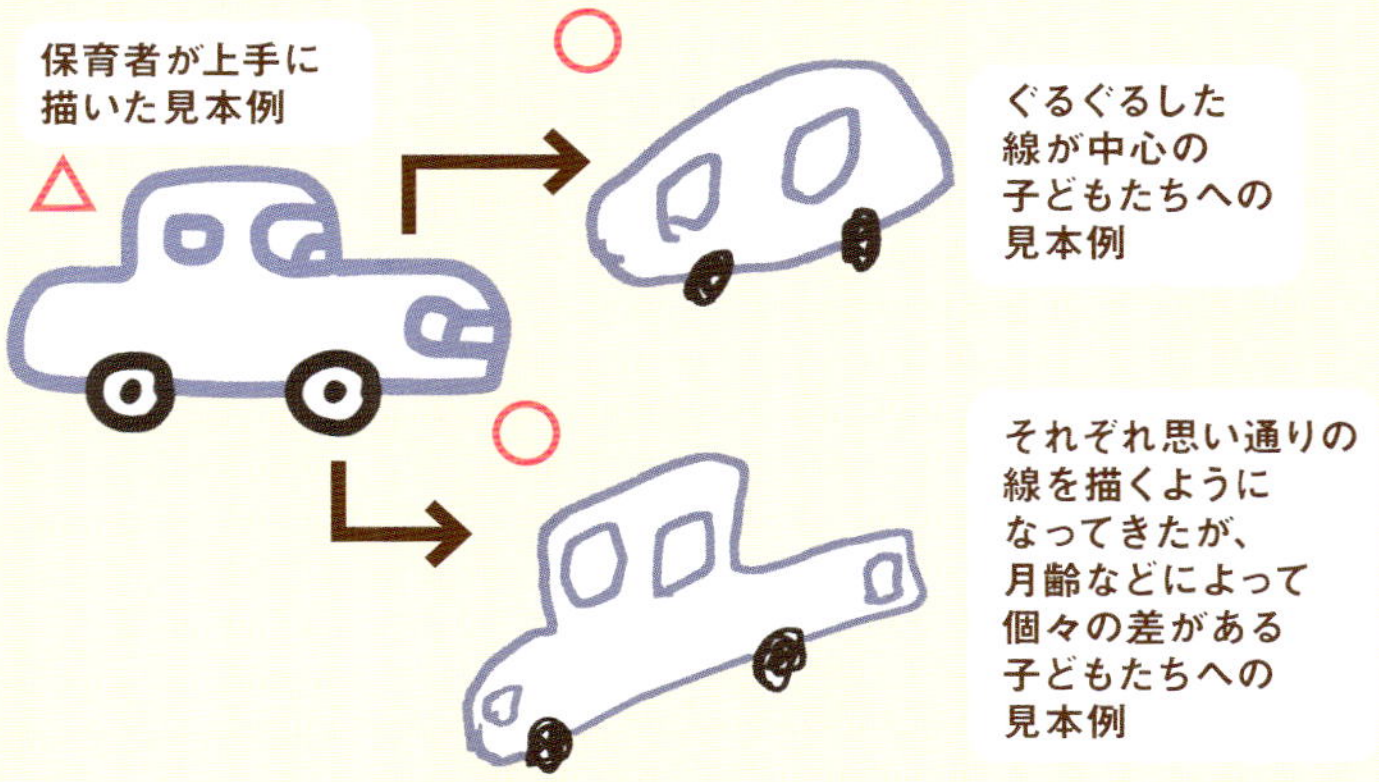
保育者が上手に描いた見本例
△
○
ぐるぐるした線が中心の子どもたちへの見本例
○
それぞれ思い通りの線を描くようになってきたが、月齢などによって個々の差がある子どもたちへの見本例

POINT2
作り方を見せながら説明する

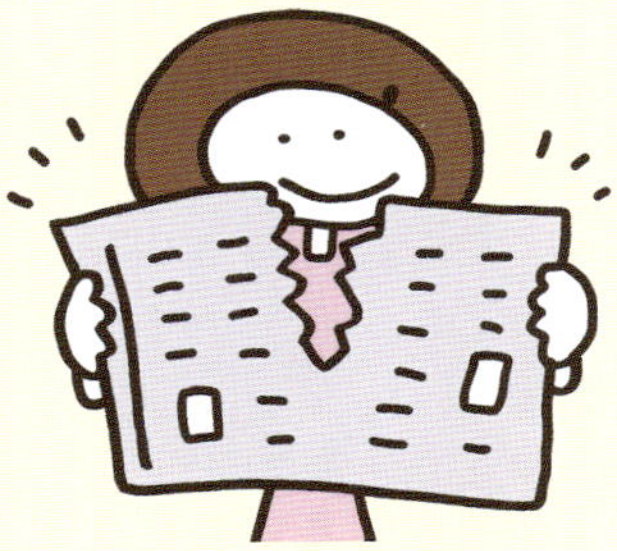

言葉で説明するだけでは伝わらない子もいます。POINT1を意識して、子どもたちの前で実際に見本を作りながら視覚的に「見てわかる」説明をしましょう。

POINT3
完成した作品で遊ぶ展開も紹介する

みんなでドライブに行こうよ！

子どもたちの表現の原動力は「やってみたい」という思いです。保育者が見本や作り方を見せるだけでも、子どもたちは「やってみたい」と思うでしょう。そこに完成したものでどう遊べるかが加わると、その思いはより高まります。

保育者が子どもたちの線や形に合わせた見本で導入をすると、中には「先生へた！」「変なのー、全然見えない！」といった否定的な言葉をかけてくる子がいますが、そういうときはチャンスです。

「はじめる前に、みんなで1つ約束をしよう。お絵描きや工作は、自分の作ったものがうまくいかなければ何回作り直してもいいけれど、友達の作品に〝変〟とか〝下手〟というのはやめよう。先生も今、言われて悲しかったよ」などとしっかり伝えて、**子どもたちが否定しあわないルールを共有**しましょう。

子ども同士で「それ変なの」などと否定しあう前に、保育者がきっかけになれたのですから、結果オーライです。

知っておきたい「表現の3段階」

幼児期の子どもたちの絵や工作の表現は、**月齢や家庭での遊びの環境、個々の経験によって様々**です。同じクラスでも、月齢で見れば最大11か月の差があるのですから、違うのは当然ですよね。

その多様な表現に対して、大人はつい「あの子はもう絵が描ける」「この子はまだ描けない」「あの子はもうはさみが使える」「この子はまだはさみが使えない」というように、「できる」「できない」でとらえがちです。

そうならないように、ここでは「表現の段階」を3つに整理し、一人ひとりの育ちに寄り添うための視野を広げていきましょう。

段階1 行動表現

何かを頭にイメージしてから描く・作るのではなく、「なぐり描き」のように、行為そのものを楽しんでいる段階です。お絵描きだけではなく、はさみで切る、テープを貼る、のりで貼るといった行動も同様で、切る・貼る行為そのものが楽しいと感じ、くり返します。

ぐるぐる描いたり、
ビリビリ破ること
自体が楽しい！

配慮のポイント

いろいろな段階の子がいる中で、保育者が絵を描く子（想像表現の段階の子）にだけ「〇〇ちゃん、すごいね！」などとほめる反応をくり返していくと、子どもたちの中に優劣の意識が生まれ、行動表現の段階の子はやらなくなってしまうことが少なくありません。なぐり描きを楽しんでいる子とも、「ぐるぐる楽しいね」などと楽しさを共有しながら、それぞれが安心して自分の表現に向かえる雰囲気づくりを心がけましょう。

ぐるぐる
楽しいね！

段階2 行動発想表現

行動表現を楽しんでいたら、それによって偶然生まれた形を見立てて、意味づける段階です。描いたもの・できた形を見てから思いついているので、行動発想表現と整理しています。

具体的には、なぐり描きをしていてできた丸を「これ、ママ。これ、パパ」と意味づけたり、ブロック遊びでブロックをつなげていたら、その形が飛行機に見えたので「飛行機！」と見立てるといった様子です。

できた線や形を
いろいろなものに
見立てて
遊ぶことが楽しい！

段階3 想像表現

2つの段階を経て、想像表現へと移行します。何を描こうか・作ろうかを頭にイメージしてから描く・作る表現の段階です。

この段階まで来たら、いつも考えてから描くということではなく、描きながら考えたり、ひとまず手を動かしてみたり、3つの段階を行ったり来たりして楽しむ姿が見られます。

「動物を描こう」、
「車を作ろう」など、
頭にイメージしてから
表現することが楽しい！

COLUMN

セロハンテープを同じところに貼り重ねていた子

1

ぼくが、ある園で子どもたちと造形活動をしていたときのことです。

一人の子が、同じところに何枚もセロハンテープを貼り重ねていました。

2

ぼくは「何をしているんだろう？」と思いながら、一瞬、「こっちの紙とつなげてみる？」と声をかけて、使い方を教えてあげようかなと考えました。でも……

3

テープを貼ること自体を楽しんでいる様子だったので、そのまま見守ることに。

4

しばらくすると、「見て！キラキラ！」とテープの反射を発見し、そのおもしろさを教えてくれました。

「先まわりして使い方を教えなくてよかった」と実感した、子どもの気づきの場面でした。

part

2

描いて、切って、貼って遊ぼう！

造形活動の中でも、主要な「描く」「切る」「貼る」。
この３つの方法について、子どもの育ちをふまえたサポートや
言葉かけのポイントを整理していきましょう。
併せて、気軽にできる造形活動の事例や実践のヒントも紹介します。

「描く」「切る」「貼る」の3段階

造形活動の主な方法として、**「描く」「切る」「貼る」**がありますよね。

ここでは、P.12の「表現の3段階」と照らし合わせながら、それぞれの表現の段階と関わりのポイントを紹介していきます。子どもたちの表現する線や形、さらには道具の扱いについて、保育者の視野が広がり、見方が変われば、言葉かけやサポートの仕方も大きく変わります。ぜひじっくり振り返ってみてくださいね。

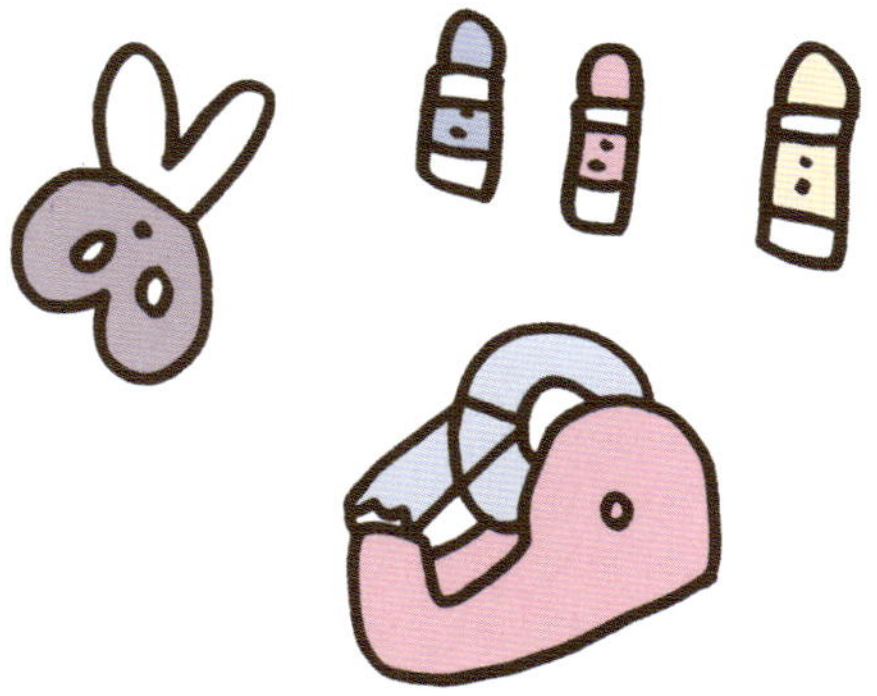

方法1

「描く」の3段階

段階❶

線が表れるのを楽しむ（なぐり描き）

ペンやクレヨンを握り、紙に向かって動かすと、紙には「てんてん」や「直線」「ぐるぐる」などの線が表れます。このなぐり描きを通して「自分の体を動かしたら線が生まれる」という現象そのものを楽しみます。

保育者は、どう関わる？

絵の描き方を教えたり、手を持って線の描き方を誘導したりするような関わりは避けましょう。「ぐるぐるして、おもしろいよね」など、子どもの「楽しい」に共感する言葉かけを意識しましょう。

段階❷-1

線や形に意味づけることを楽しむ

なぐり描きを楽しんでいると、その線や形に意味づけることがはじまります。例えば、真ん中の丸が「自分」、そのまわりが「家族」などです。

保育者は、どう関わる？

子どもが抽象的な線や形に意味づけしている隣で、保育者が人やキャラクター、食べ物、動物といった具体的な絵を描くことはおすすめしません。そうすると、その子は保育者の具体的な絵に意識が向いて「描いて！」となることが多くなるからです。一緒に描く場合は、子どもと同じように抽象的な線や形を描くなど、子どもが自分の表現に浸れる関わりを意識しましょう。

段階❸

イメージしたものや対象物を描くことを楽しむ

段階①②を行ったり来たりしながら、描きたいイメージを線で表すこと、つまり「絵を描く」ことを楽しむようになっていきます。

保育者は、どう関わる？

子どもたちが描いた絵には「上手だね」「すごいね」といった評価の言葉かけではなく、食べ物なら「おいしそう」、乗り物なら「先生も乗りたいな」など、その作品に共感するような言葉かけを意識しましょう。

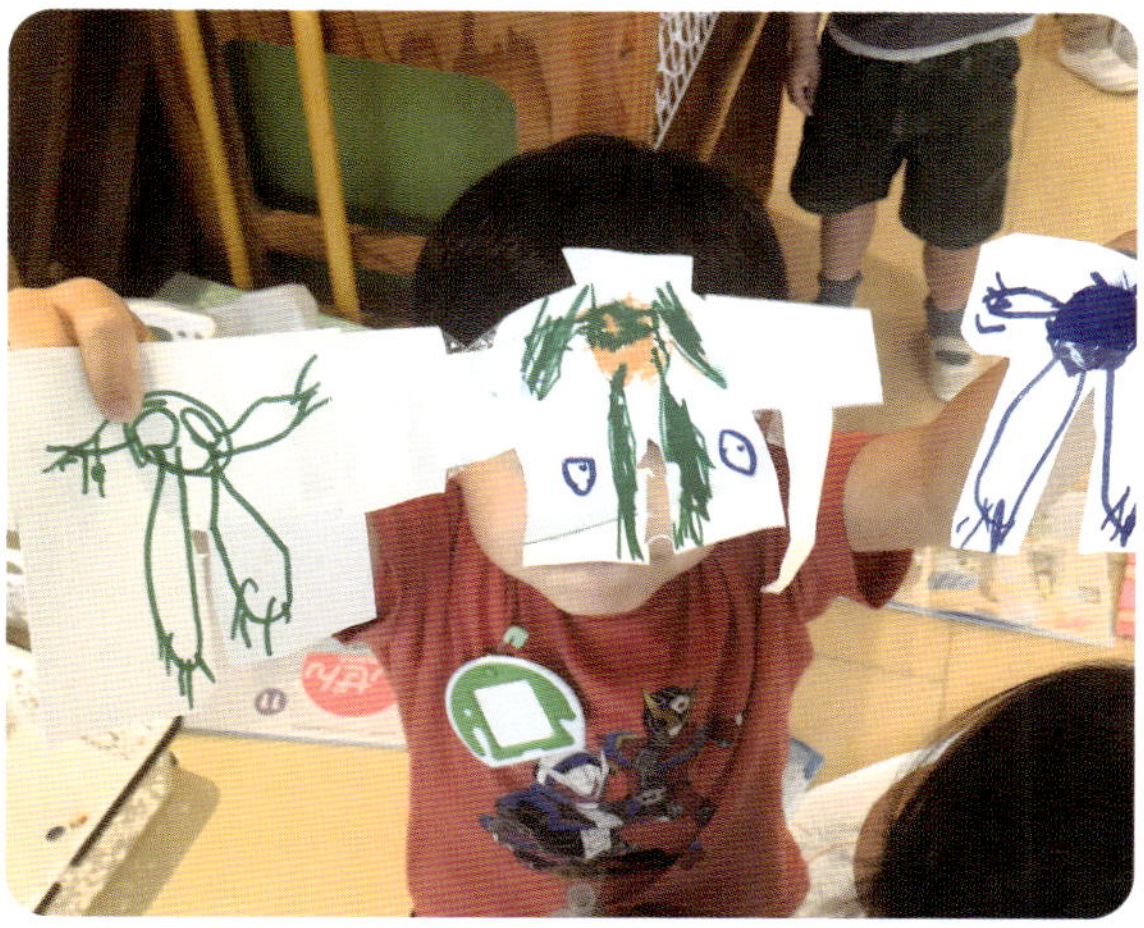

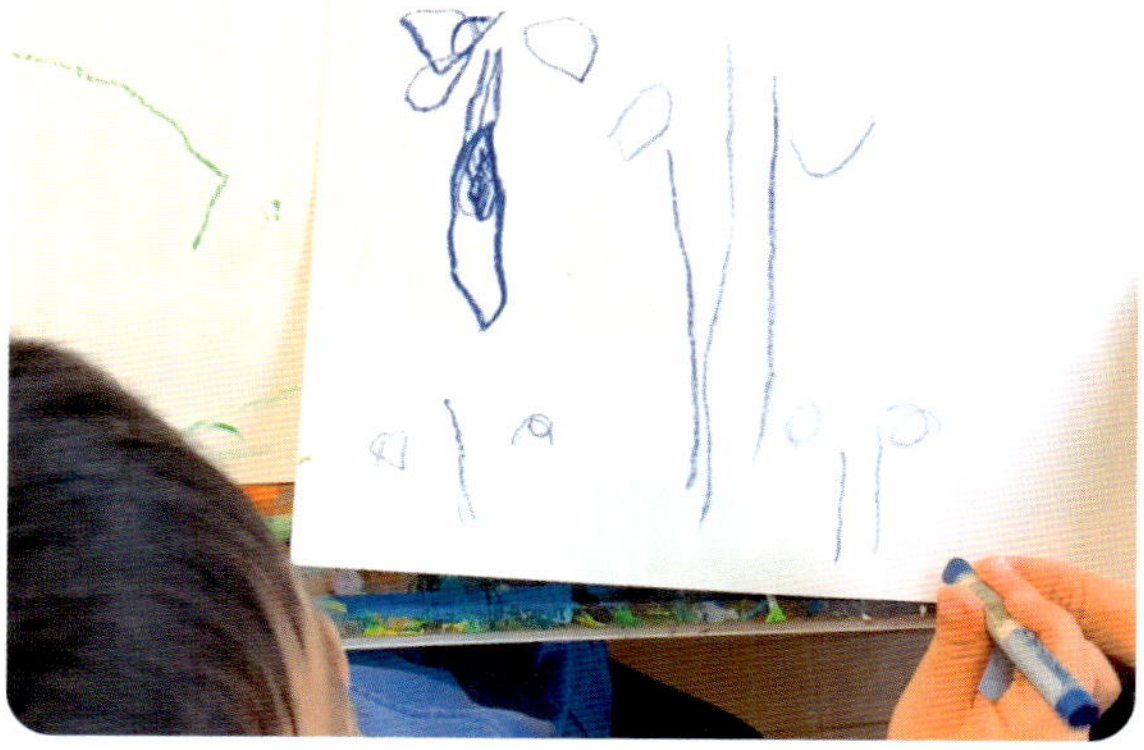

段階❷- 2

線を見立てることを楽しむ

なぐり描きを楽しんでいると、描けた線を見て、その形に似ているものに見立てることもはじまります。例えば、丸と線の並びがゾウに見えて、「これ、ゾウ！」と見立てるなど。これによって「線が形を表す」楽しさを発見します。線や形が絵に変わる瞬間です。

保育者は、どう関わる？

この時期も段階②－1と同様、大人が上手な飛行機の絵を描くと「描いて」となりやすいため、自分で描くことは控えめに。「先生、見て！ 飛行機」などと形を見立てて教えてくれたら「本当だ、飛行機だ。かっこいいねぇ」などと共感する関わりを心がけましょう。

「絵を描くおもしろさ」は自分で見つけるもの

子どもの描画について、これまでは描き方を教えてきたという方もいるでしょう。その「絵を描く楽しさを教えてあげたい」という思いはすてきですが、これからは教えることをグッとがまんしてみてください。大人が教えなければ、子どもたちは絵を描くことのおもしろさを自ら発見します。子どもたち一人ひとりの発見の瞬間を目撃してください。

方法2

「切る」の3段階

段階❶

切ること自体を楽しむ

子どもたちは、はさみを「切るための道具」として使う前に、はさみで紙を切ること自体を楽しみます。この時期のはさみ遊びは、子どもが自分で紙を持ったときに安定して切りやすいよう、小さい画用紙や短冊などを用意するといいでしょう。
最初はぎこちなくても、遊びながらふれているうちに、手指が発達し、しぜんと上手に使えるようになります。

「課題の楽しさ」より「表現の楽しさ」を

もちろん、ガイド線に沿って切ることもうまくできたら、子どもたちはうれしいでしょう。しかし、それは「課題をクリアする楽しさ」です。対して、思いのままに紙を切ることは、「表現する楽しさ」です。みなさんが子どもたちに体験してもらいたいのは、課題をクリアすることですか。それとも、表現することですか。ぜひ園のみなさんと一緒に考えてみてください。

ガイド線は必要なし！

はさみを使いはじめの子どもに、直線や波線、丸などのガイド線つきの紙で練習をさせるという方法もありますが、ぼくはおすすめしません。なぜなら、ガイド線があることで、線に沿って切ることが「できた」「できなかった」という結果が生まれてしまうからです。また、ガイドなしに自分の判断で「切る」ことがしにくくなるからです。様々な発達段階の子どもたちが「できる」「できない」にとらわれず、切ることを楽しんでほしいですね。

段階❷

意味づけや見立てを楽しむ

はさみの場合も描画と同様に、偶然できた形に意味づけたり、形を見立てることを楽しむ段階があります。例えば、切った紙の形を見て「三角！」と形を発見したり、「くつ」と見立てたりします。

段階③

イメージをもって切ることを楽しむ

段階①②を経て、子どもたちはイメージをもって線や形を切るようになります。
①②では「はさみで遊ぶ」ことを楽しんでいた段階から、「あんな形が切りたい」「この部分がほしい」など、目的のために「道具として使う」段階に変化したともいえます。

効率的な方法を先に教えない

この段階の切り方には、２つのプロセスがあります。
❶フリーハンドで切る
❷切りたい絵や形を描いてから切る
本人が作りたいものによって、フリーハンドで切るほうが勢いにのって進められる場合もありますし、切りたい形が複雑な場合は、先に描いてから切るほうが進めやすいでしょう。

どちらにも魅力があるので、最初から保育者が効率的な切り方を誘導する必要はありません。まずは、子どもたちのやりやすい方法に任せてみましょう。

教える？　見守る？

フリーハンドで自分の思うように切れず葛藤している子には、「先に線を描いたら切りやすいよ」とアドバイスをするのもいいでしょう。反対に、声をかけず、何回も失敗して「あ、描いてから切ればいいんだ！」と自分で気づくのを待つのもいいでしょう。

大切なのは、「教える」だけが保育者の役目ではなく、「教える」と「見守る」両方の視点をもって、その都度、子どもに寄り添って考えることです。

方法3

「貼る」の3段階

段階①

貼ること自体を楽しむ

テープについても、はさみと同様、「ものとものを貼るための道具」として使う前に、「テープはいろいろなものに貼れる」という性質自体を楽しむ段階があります。

子どもの目線で考える

大人から見たら、無意味な場所に無意味な使い方でテープを貼っているように見えても、子どもたちの行動には必ず意味があります。貼りやすい場所を探しているのかもしれません。テープの透明さを確認しているのかもしれません。子どもたちはテープを道具として使う前に、テープそのものを探索しているのです。
ぜひ「何を考えているんだろう？」「何に気づいたのだろう？」と、子どもの目線で考えてみてください。きっと、子どもたちのすてきな気づきの場面に立ち会えるはずです。

段階②

つなげることを楽しむ

段階①の遊びによって「テープはいろいろなものに貼れる」と理解した子どもたちは、今度は「つなげる」ことを楽しみます。たくさんつなげることで「長さ」を楽しんだり、つながった形を生き物や乗り物などに見立てたりして楽しむ段階です。

つながった!

段階③

イメージをもって貼ることを楽しむ

作りたいもののイメージをもって、それを作るために素材をくっつける必要があるから「貼る」ようになります。はさみと同様、まずは「テープで遊ぶ」ことを楽しんでいた段階から、目的のために「道具として使う」段階に変化したともいえます。

教えるタイミング

ここまで「教えないことの大切さ」について紹介してきましたが、反対に「教えるタイミング」というのはいつでしょうか。それは、「やりたいイメージはあるけれど、思うようにいかない」というときでしょう。

例えば、「ティッシュペーパーの箱とロール芯をテープでくっつけたいけれど、うまく貼れず、自分で何回貼り直しても取れてしまう」というような場面。こんなときは、教えるタイミングです。

「教える」ことは、子どもが求めているタイミングであれば学びになり、求める前であれば、子どもの気づきや試行錯誤の機会を奪ってしまうことになります。まずは、子どもたちの様子をよく見てみてくださいね。

グラグラするから
もう1枚貼ろう

ペタッと貼って
ウサギの耳を
作るよ

「形の組み合わせ」と「見立て」の法則

「造形活動をたくさん実践したいけれど、自分自身の造形の引き出しが少なくて気が重い」という方もいるでしょう。しかし、次の法則がわかれば簡単にいろいろなものが作れます。それは、**「工作は平面・立体を問わず、基本的に『形の組み合わせ』と『見立て』から成り立っている」**ということです。

廃材の形をそのまま生かしても、新聞紙や色画用紙、粘土などを使って自分で形やパーツを作って組み合わせても、どちらでも楽しめます。

このポイントを覚えておけば、あとはその都度、素材を変えるだけ！

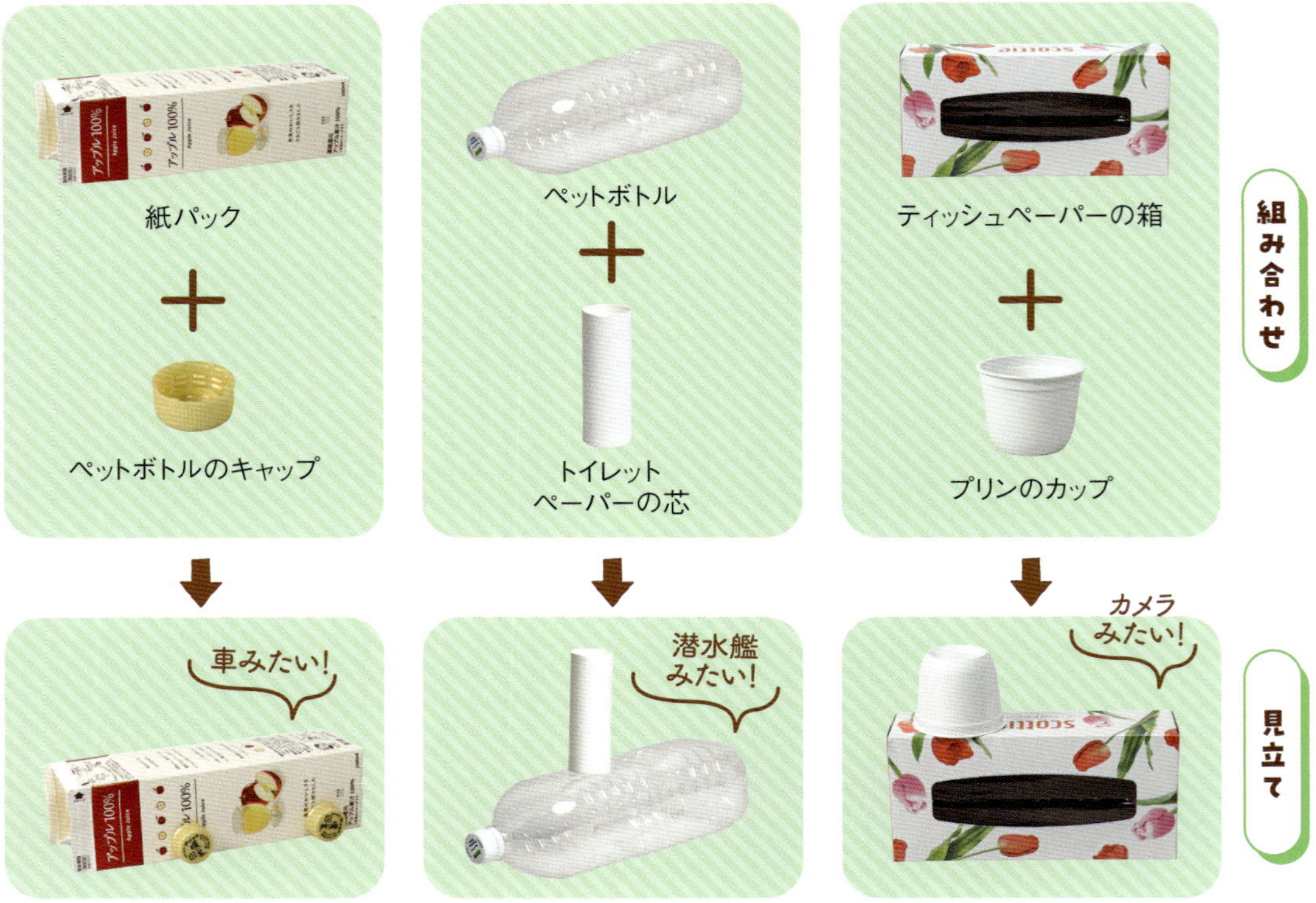
組み合わせ
紙パック
＋
ペットボトルのキャップ
ペットボトル
＋
トイレット
ペーパーの芯
ティッシュペーパーの箱
＋
プリンのカップ
見立て
車みたい！
潜水艦
みたい！
カメラ
みたい！

それでも「アイデアが浮かばない」ときは……

何に
見える？

子どもたちに教えてもらいましょう。適当な形を組み合わせて「これ何に見える？」と子どもたちに聞けば、「新幹線！」や「ロケット！」など、きっとおもしろい見立てをしてくれるはず。
そのアイデアに乗って「それじゃあ、今日はこんなふうにいろいろな形を組み合わせて、乗り物や動物を作って遊ぼう！」という流れで楽しみましょう。

新聞紙で楽しむ「形の組み合わせ」と「見立て」

新聞紙はやわらかくて扱いやすく、いろいろな形が作りやすい！

ヘビ
長ぐつ
ドーナツ
カタツムリ

新聞紙と廃材を組み合わせれば、表現の幅がもっと広がる！

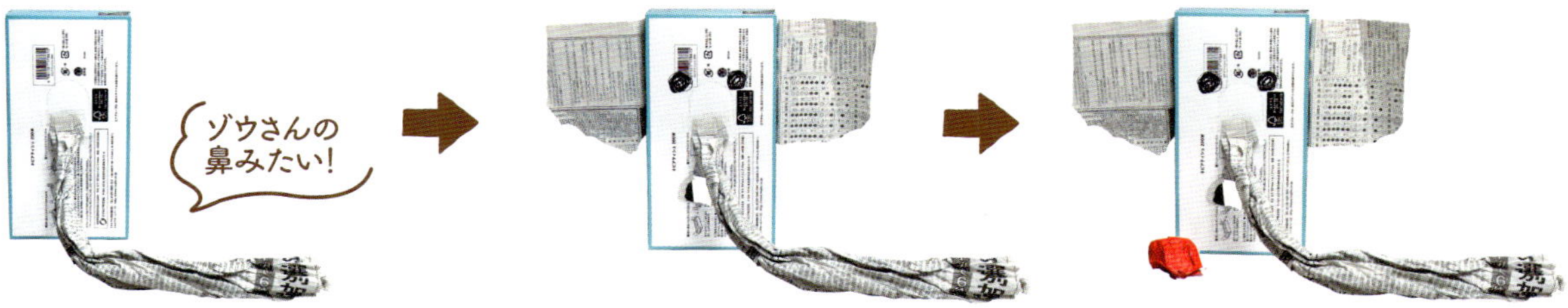
ゾウさんの
鼻みたい！

ティッシュペーパーの箱＋細くねじった新聞紙で……

新聞紙の耳をつけて、目も描こう。穴をあけて口も作ろう！

折り紙をりんごに見立てて、はい、どうぞ！

実は……

新聞紙は遊びの万能素材！

立体物も作れる

新聞紙を使った造形や遊びというと、丸めてボール遊び、ちぎってプール遊びなどが一般的ですが、それ以外にも、新聞紙は粘土のような感覚で使うことができます。P.32-34「新聞紙で作って遊ぼう！」と併せて読めば、新聞紙＝いろいろな立体物が作れる素材であることがわかるはず！

破れてもすぐに直せる

新聞紙は、破れやすい素材。扱いにくいと思いがちですが、見方を変えれば、新聞紙にふれることは自分の力を調整する機会になります。また、破れてもテープで貼れば丈夫になります。つまり、破れる=失敗ではなく「破れても直せばいい」という前向きな考え方につながります。

何度も作れて失敗もできる

新聞紙は、園で集める、家庭や近隣に分けてもらうなど、予算をかけずにたくさん準備することができます。手軽で豊富ということは、子どもたちは何度も作ったり、失敗できるということ。作るほど経験値も増えますし、失敗してもいいという気楽さは、安心感を生みます。

想像力をフル活用

新聞紙の基本色は、グレーです。また、形は既製のおもちゃのようにカチッと決まっていません。その分、自分の想像力を働かせていろいろなものに見立てることができる素材といえます。

共同製作のアイデア

「描く」「切る」「貼る」、そして「形の組み合わせ」「見立て」を駆使して、みんなで作品を作って遊びましょう。

　共同製作といっても、肩ひじは張らずに。みんなで遊びを展開していけば、しぜんに共同の世界ができあがります。

　これは**「集合」といって、同じテーマの作品が集まると、そこには必ず一つの世界ができるというもの**です。みんなの作品で世界ができていくと、子どもたち一人ひとりの想像もいっそうふくらみ、ごっこ遊びを楽しんだり、新たなアイデアが生まれたりして作品をさらに作り込むなど、活動はより広がっていきます。

みんなが作った動物が
集まれば動物園に！
TISSUE

アイデア 1

なんでもトラック

〜びっくり宅配センター〜

なんでも、どこにでも、誰にでも運べちゃう「なんでもトラック」。みんなのトラックが集まれば、すてきな荷物を世界中に届ける「びっくり宅配センター」がオープンです！

材料

空き箱いろいろ・プリンなどの空き容器・ストロー（太・細２種類）・巻き段ボール・画用紙・はさみ・のり・セロハンテープ・絵の具・カラーペン

事前の準備

床にブルーシートを敷き、そのまわりに空き箱などの材料と絵の具を、スペースを分けて置く。はさみなどの道具も自由に使えるように準備する。

活動の流れ

1

活動の説明からスタート。「なんでも運べて、どこにでも行けるトラックを作ろう。みんななら、どんなトラックにする？」「どこに何を運ぶ？」と問いかけて、子どもたちと想像をめぐらせます。

2

大きい箱と、小さい箱を1つずつにしよう！

トラックのボディになる空き箱を選びます。「大きいのを1つ」「小さいのをたくさんつなげる」など、思い思いにイメージをふくらませながら選びます。

3

巻き段ボールをストローの両端に巻いてタイヤを作ります。

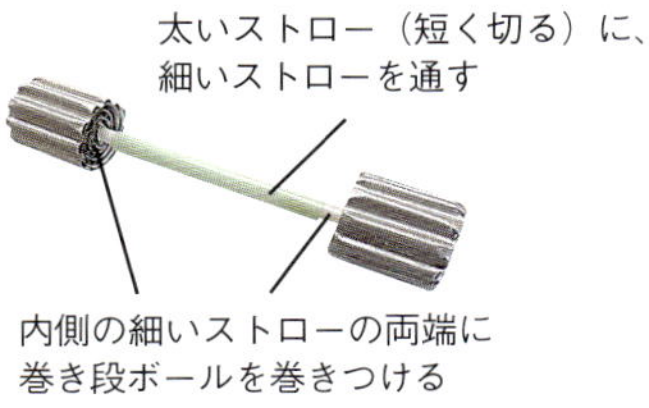
太いストロー（短く切る）に、細いストローを通す
内側の細いストローの両端に巻き段ボールを巻きつける

※タイヤは工作紙やペットボトルのキャップなどでもOK。

4

空き箱を組み合わせてボディを作り、③のタイヤも貼ります。タイヤは、太いストローの部分をボディにセロハンテープで貼ることで、クルクル回る（動く）ようになります。

5

形ができたら、色塗り。ここではアクリル絵の具を使いましたが、色画用紙を貼ったり、ペンで描いたりしても楽しいですよ。最後は、小さな画用紙に運びたい荷物を描いて完成です！　荷台のデザインや積み荷に子どもたちの思いが見えてきます。

MEMO

共同製作で大切なこと

共同製作で1つの世界を表現しようとすると、中心となって下絵を描く子、それに合わせて作業する子など、役割分担をして作品作りをすることが多いのではないでしょうか。しかし、こうした進め方については、ぜひ一度立ち止まって考えてほしいと思います。

なぜなら、本書でもくり返しお伝えしてきたように、幼児期の表現活動は、発達の差によるスキルの違いが大きいからです。そうした中で、リーダー役、作業する役などで分担すると、そこには無意識に優劣の雰囲気が作られます。それよりも「基本は一人ひとりのペースや線・形でそれぞれに作品を作る」「それらが集まると1つの世界が完成する」という共同製作を意識してもらえたらと思います。

アイデア2

みんなのゆめの道

大きな紙の好きな場所に好きな乗り物を描くところから想像が深まって、どんどん発展していくお絵描き遊びです。

材料

ロール紙・絵の具やペン

事前の準備

子どもの人数や部屋の大きさに合わせて、絵の具を使いやすいように何か所かに分けて設置する。

活動の流れ

1

今日は、この
長～い
紙に描くよ！

絵を描く紙をみんなで広げます。長くて真っ白なロール紙を前に、子どもたちのワクワク感は高まります。

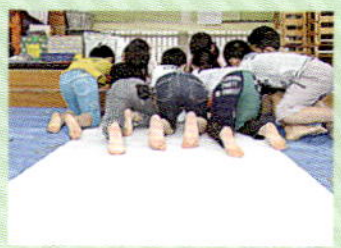

息ぴったりにロール紙を広げていきます。準備も、できるだけ子どもたちと一緒におこない、興味を深めていきましょう。

2

何かわかった？
そう、
飛行機だよ！

まず、ひでちゃんが描きます。子どもたちが「この通りに描かないといけない」「ぼくには描けない」と思わないよう、言葉かけや見本に配慮します。

3

続いて、子どもたちが好きな乗り物を描きます。描く場所は自由。

4

乗り物が通る道ができたり、そのまわりに景色や人物を描いたりして、みんなの絵がどんどんつながっていきます。夢の道は、どこまでも続きます。

アイデア3

びっくり水族館

～どんな生き物に出会えるかな？～

海の中には、どんな生き物がいるでしょう？　はじき絵の技法を生かして、ダイナミックに作りましょう。

事前の準備

床にブルーシートを敷いて養生しておく。

材料

板段ボール（段ボール箱を切り開いて使ってもOK）・クレヨン・ポスターカラーまたは水彩絵の具・はけまたは筆

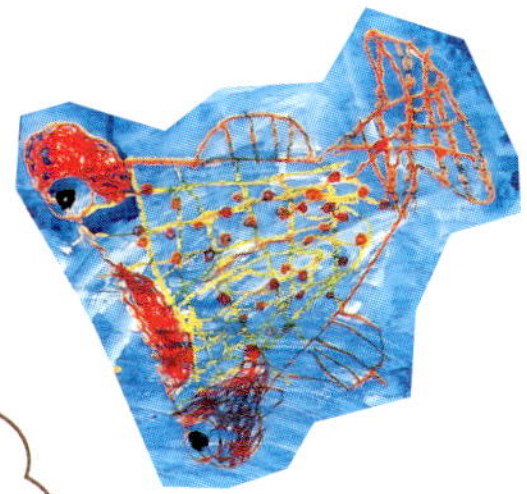

活動の流れ

1 「海にはどんな生き物がいる？」の問いかけのあと、「海にいるものや、いたらいいなと思うものを描いて、びっくり水族館を作ろう」と提案。

2 大きな板段ボールを前に、はじめはみんなドキドキ。ひでちゃんが、はじめに１匹の魚を描いてみました。

3 すぐに描き出す子もいれば、じっくり考える子もいます。やがて時間が経つと……。

4 頭を寄せ合いながら描く子どもたちの姿が。「ここはタコのお家だよ」など、想像の世界が広がっていきます。

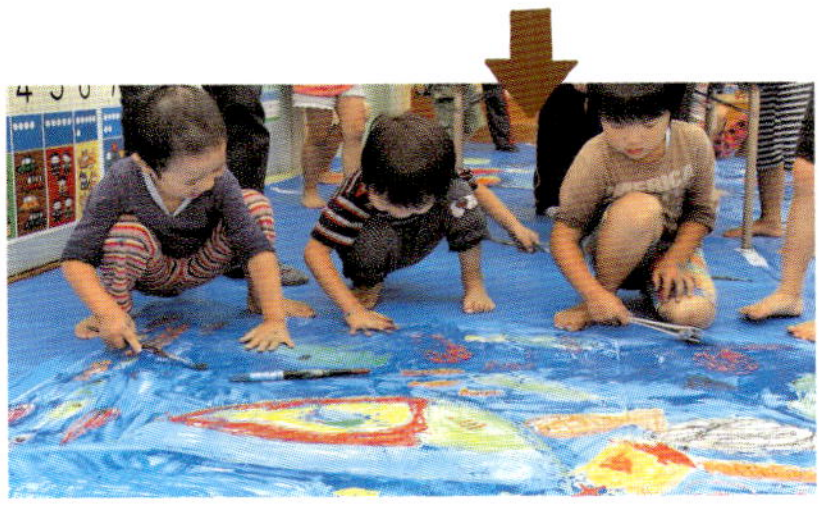

5 はじき絵の技法で色を塗っていきます。ポスターカラーがクレヨンの絵をはじく様子が不思議で、みんな楽しそう。中には、手でポスターカラーの表面をなぞって、水の流れや波を作る子もいました。

現実と空想が混ざり合ったびっくり水族館が完成！
最後はみんなでお客さんになって遊ぼう！

Q 異年齢での楽しみ方は？

H 同じテーマに対して いろいろな方法や遊び方を考えましょう

年齢が異なっても、同じテーマでも、作り方の素材や難易度を変えたり、遊びの参加の仕方を工夫すると、みんなで楽しむことができます。

活動例 へんしん動物園

実践アイデアQ《クエスチョン》&H《ヒント》

3歳児クラス

3歳児クラスは ペープサートを作って お客さんになって、動物園に遊びに行こう！

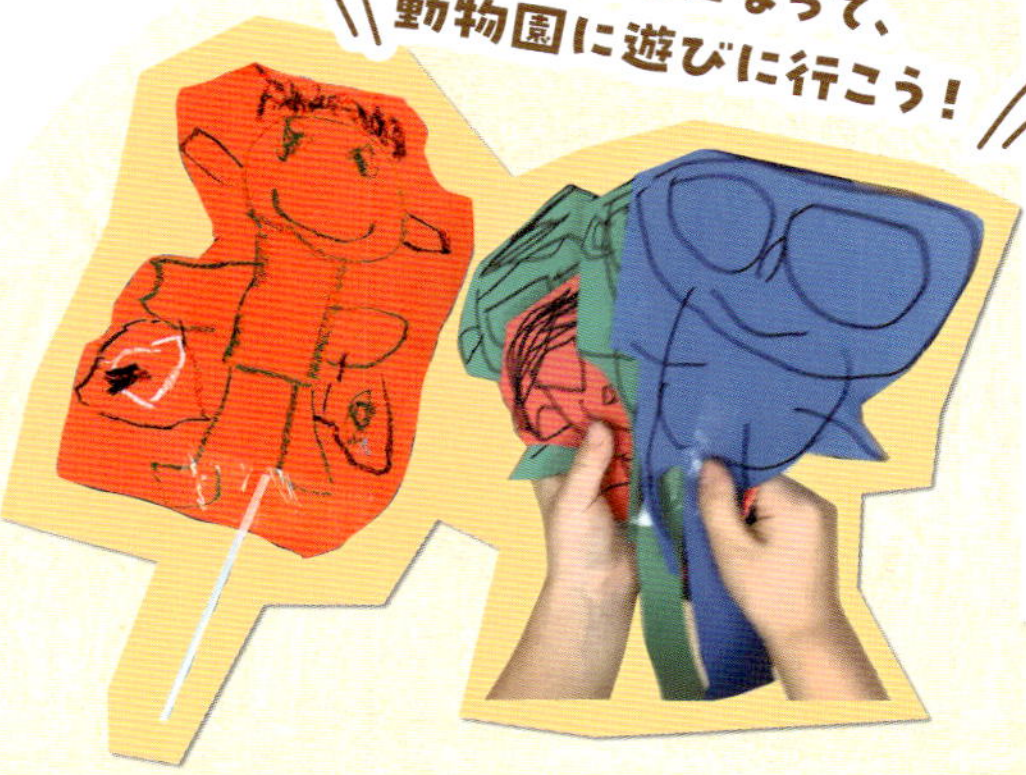

4・5歳児

板段ボールに好きな動物を描きます。

パンダが見えた！ ウサギもいるよ！

4歳児クラス

動物を描いたあと、４歳児クラスは色画用紙で製作した望遠鏡を持って、動物園を見学。５歳児は、紙袋で作ったお面をかぶっていろいろな動物に変身しました。

ゾウさんになりきって パオーン！

5歳児クラス

Q 参観日に親子で楽しむには？

H 簡単＆気楽に、親子それぞれに作ろう！

保育参観での親子製作となると、保護者のやる気もポイントですよね。中には、工作などは苦手という人もいるでしょうから、簡単＆気楽に取り組める活動で、親子が一緒に楽しめるようにしましょう。また、親子で協力して作品を作る場合、つい親が手出し・口出しをしがちです。それよりも、親子がお互いに作れて、それぞれ完成したら喜びを共有できる。そんな活動を意識してみましょう。

活動例 ぴかぴか宝石やさん

できあがった宝石を集めてステージに並べれば、宝石やさんのオープンです。

好きな形の石を選び、絵の具やペンで色を塗ったり、絵を描いたりします。簡単な作品の中にも、一人ひとりの個性が見えてきます。

名前をつけるのも楽しい！

おすすめのテーマは？

H 子どもたち一人ひとりの思いが見えてくるテーマを意識しましょう

作品によって、一人ひとりの好きなものや思いが見えてくるテーマを考えてみましょう。身近な題材に「未来の○○」「新種の○○」「不思議な○○」といった要素を加えるだけでもおもしろいですよ。

活動例1 まほうのくつ

「まほうのくつがあるとしたら、どんなことができると思う？」と、子どもたちのイメージを広げながら製作を進めます。

「はやくはしれるくつ」「おふろのうえをあるけるくつ」「おはなをふまないくつ」など、一人ひとりの日常の目線が見えてくるよう。

“まほうのめがね”も登場！「クラスでお世話をしているウサギのミミちゃんの目になれるめがねだよ！」

活動例2 お絵描き探検ごっこ

自分が行きたい場所や遊びたい場所をイメージして、クラフトロール紙や模造紙に自由に描きます。そこから子どもたちの思いが見えてきます。

そのあとは画用紙に自分や友達、動物、乗り物を描いてペープサートに。それを使っていろいろな場所へ冒険に行って楽しみます。

Q おすすめの素材は？

H アルミホイルや新聞紙は粘土のように使うとおもしろい！

アルミホイルや新聞紙は、丸める、握る、ねじる、つまむなど、粘土のように使うといろいろなものが作れておすすめです（P.32-34「新聞紙で作って遊ぼう！」も参照）。

活動例 キラキラアクセサリー&人形

アルミホイルや新聞紙は形を作りやすいのも魅力。色画用紙で装飾したり、油性ペンで色を塗ったりしてもすてきです。

自分だけのアクセサリーを身につけて、おしゃれを楽しもう！

個性が光るカラフルめがね

おしゃれにドレスアップ！

ゴールをねらうサッカー選手！

恐竜だって作れちゃう！

頭・体・手・足などのパーツを作り、セロハンテープで貼り合わせれば、人形のできあがり。顔を描いたり、色画用紙で洋服を作ったりして、思い思いに飾りつけましょう。

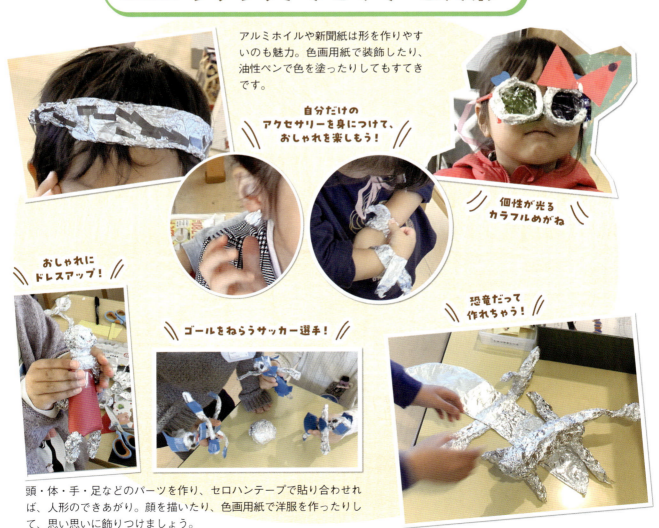

新聞紙で作って遊ぼう！

「丸める(巻く)」「破る」「折る」で作ろう

P.23でも紹介した通り、新聞紙は造形活動にうってつけの素材。ぎゅっと丸めたり、指先でくるくる巻いたり、びりびり破いたりしていろいろな形を作りましょう。好きなように折りたたんでテープでとめれば、三角や四角などの形も作れます。

できた形を食べ物に見立てたり、形を組み合わせて貼り合わせ、乗り物や遊びの道具を作ったりして楽しみましょう。

飛行機
ヘリコプター

ねじりパーツをたこ糸代わりに！
おにぎり
団子
ゴルフ遊びのパター＆ボール
新聞紙で作ったお皿にのせよう！
たこ焼き
たこ
船
ヨット

作ったもので遊ぼう！

端をつまめば
とがらせることもできる！

「つまむ」「ねじる」で作ろう

新聞紙をぎゅっぎゅっとつまんで、大まかな棒状にします。次に、少しずつ握って固めていきます。最後に、端からねじれば、〝ねじねじパーツ〟の完成です。ねじねじパーツの両端を少し重ねてセロハンテープで貼れば、輪っかのできあがり！

子どものペースに合わせて、フレーム同士を直接貼る方法も簡単でおすすめ！

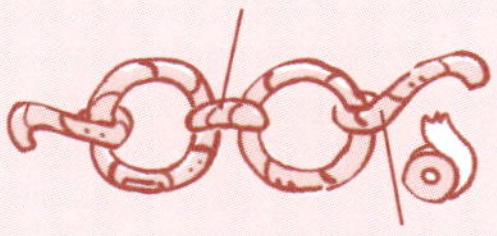
短いねじねじ

フレーム（輪っか）を巻き込んで長いねじねじをテープでとめる。

めがね

アクセサリー

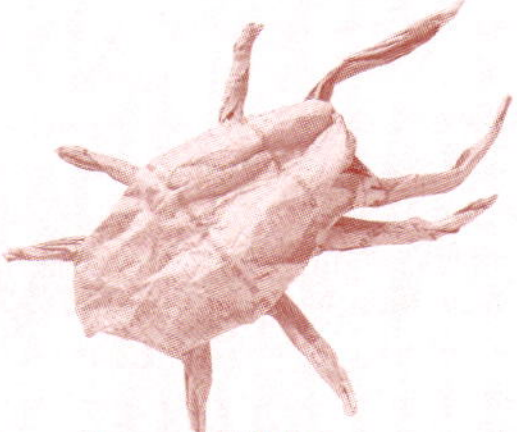

クワガタ

トンボ

チョウチョ

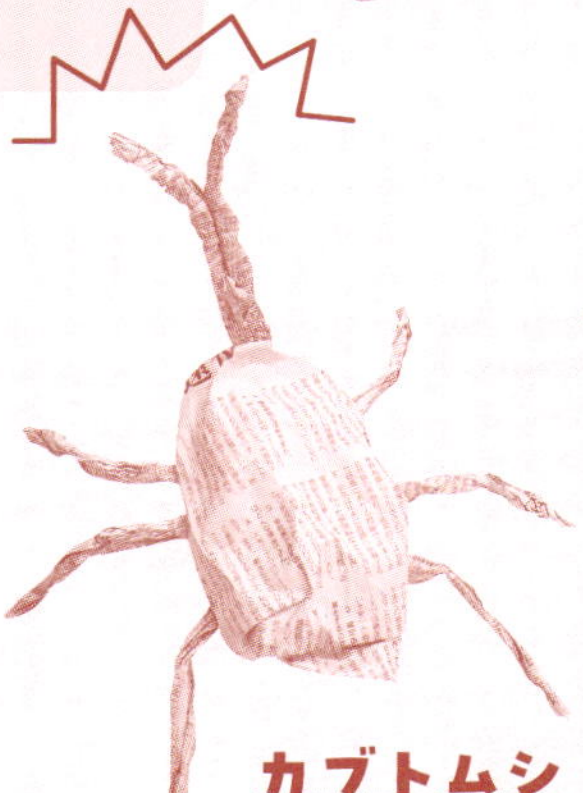

カブトムシ

ねじねじと輪っかを組み合わせれば、めがねやアクセサリーのできあがり！ さらに、破ったり、ねじったりした新聞紙を虫の脚やツノ、はさみや羽に見立て、丸めて作った体に貼りつければ、トンボやチョウチョ、カブトムシができます。

身につけて楽しもう！

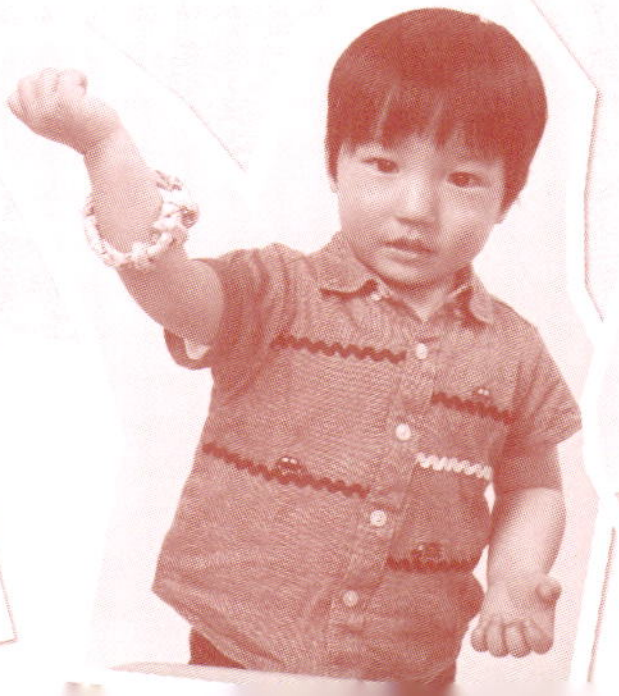

どっちが強いか勝負！

「穴をあける」で作ろう

新聞紙をつまんでちぎって穴をあけたり、棒状に丸めて空洞（穴）にしたり。いろいろな方法で穴を作ってみましょう。

P.32–33で紹介した「丸める」「破る」「折る」「つまむ」「ねじる」で作ったパーツと組み合わせ、遊びのアイテムを作って楽しみましょう。

スマートボール

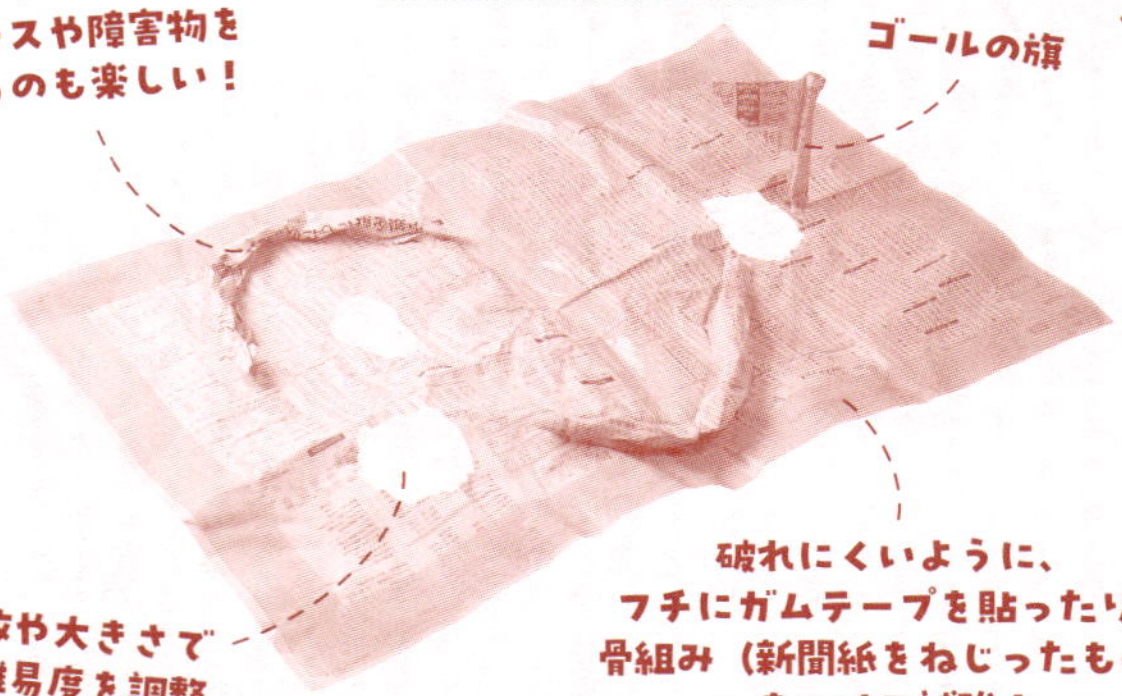

新聞紙を丸めたり
ねじったりして、
コースや障害物を
作るのも楽しい！
ゴールの旗
穴の数や大きさで
難易度を調整
破れにくいように、
フチにガムテープを貼ったり、
骨組み（新聞紙をねじったもの）
をつけて補強！

ゲートボール

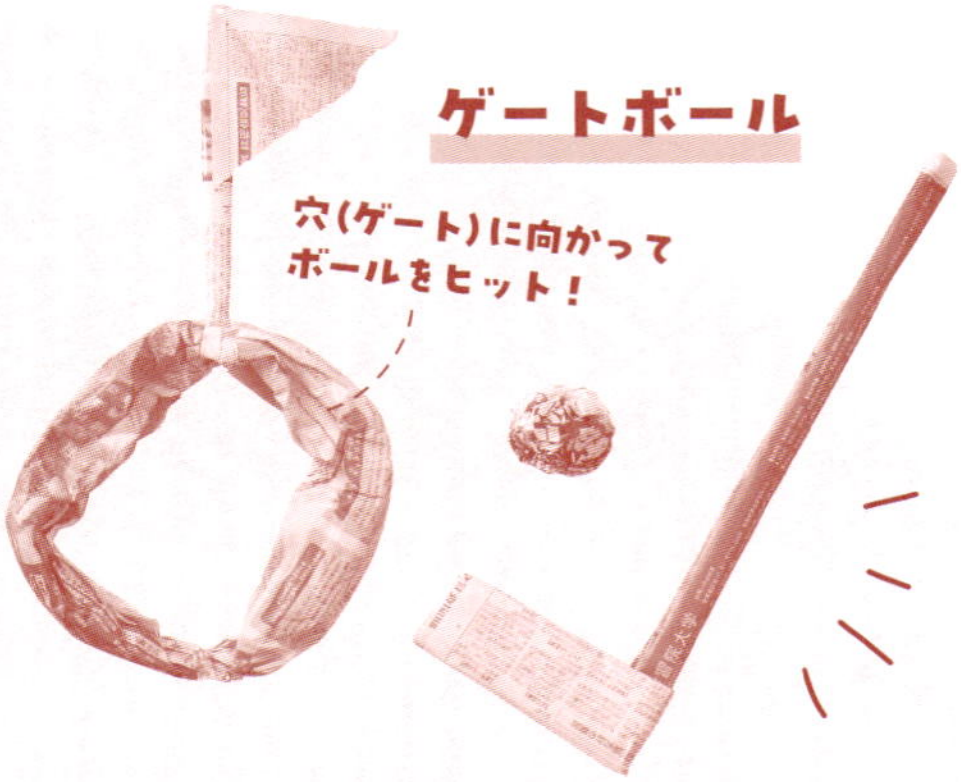

穴（ゲート）に向かって
ボールをヒット！

穴とボールと持ち手があれば、けん玉風おもちゃのできあがり。また、穴をゲートに見立てれば、ゲートボールも楽しめます。さらに、スマートボールも！穴をワナに見立て、ボールを落とさずゴールまで運びましょう。

けん玉

細くねじった
新聞紙
ボールが
ここに入れば
成功！
棒状の持ち手を
つけても！

ゲートボールは、
新聞紙で外壁コースを
作ってもOK！
テープで
貼る

見つかった！

part

3

タイプ別、子どもとの関わり方

～子どもをとらえる視点と具体的なサポート方法～

やらない子やまねする子、早く終わる子やふざける子。一見「困った子」ととらえられがちですが、本当にそうなのでしょうか。

タイプ別に、子どもとの関わり方を見ていきましょう。

どう関わる?

いろいろなタイプの子どもたち

やらない子

→ P.38へ

まねする子

→ P.42へ

途中で「やりたい」という子

→ P.43へ

途中であきらめる子

→ P.44へ

いっせいの説明で、わからない子

→ P.50へ

早く終える子・時間をかける子

→ P.46へ

ふざける子・人の作品をけなす子

→ P.52へ

テーマと違うものを作る子

→ P.47へ

なかなか進められない子

→ P.48へ

番外編

低年齢児の造形遊び

→ P.54へ

タイプ 1

「やらない」「やりたくない」という子

「やらない」ことも子どもの育ちにつながっている

具体的な対応をお伝えする前に、まずは大切にしたい考え方、保育観を整理していきましょう。

保育者は、造形活動に限らず様々な場面で、やらない子がいると「やれなかった」「できなかった」とマイナスにとらえがちです。しかし、そもそも「やらない」「やりたくない」というのは、問題なのでしょうか。実は、そうではありません。なぜなら、子どもたちの「やらない」「やりたくない」という思いにも、ちゃんと理由があるからです。そして、その**やらない時間にも、ちゃんと育ちがある**からです。

例えば、最初は「やらない」といっていた子が、友達が楽しそうに活動する姿を見て「やっぱりやる！」と自分から一歩踏み出すこと。あるいは、そのまま活動時間が終わってしまい、あとになって「やっぱりやればよかったな……」と一人後悔すること。これらの姿も、かけがえのない子どもの育ちの姿といえます。

保育における子どもの育ちとは「やる」ことだけではありません。**「見る」ことも、「やらない」ことも育ち**なのです。

このように、「子どもの育ちってなんだっけ？」と、いつも整理しておくことが大切です。子どもの育ちを目先の行動だけではなく、もっと広い視野でとらえていきましょう。

「やりたくない」理由とサポートのポイント

「やらない」「やりたくない」には、「やる」と同じだけ思いや理由があるため、まずはそこに寄り添うことが大切です。その上で、「やりたい」と踏み出せるようなサポートの仕方を考えていきましょう。

理由1　ワクワクしないからやりたくない

なぜワクワクしないかというと、「ワクワクするほど明確な活動イメージが浮かばない」からでしょう。保育者の導入を聞いて、「私は○○を作りたい！」と期待をふくらませるには、**「想像のもととなる遊びの経験」**と**「会話から想像をふくらませる経験」**が必要です。こうした経験が少ない子ほど、ワクワクしにくいといえます。

こんなサポートもしてみよう！

「やりたくなったら、いつでもおいでね」とやさしく声をかけて、見守ることがおすすめです。そういう子は、活動が進んでいくうちに友達の姿や作品を見て、「今日はそういうものが作れるんだ！ それなら私もやってみたい！」とイメージがわいて、やりはじめます。何でも保育者がきっかけではなくていいのです。友達の背中がきっかけになるというのは、集団保育の魅力です。先生も力を抜いてくださいね。

理由2　不安だからやりたくない

表現することを不安に感じる理由は、主に次の３つがあげられます。

①**「スキルへの不安」**＝上手・下手を気にしている

②**「アイデアへの不安」**＝自分のアイデアを、まわりに「変だよ」「違うよ」などといわれないか心配している

③**「失敗への不安」**＝失敗することを恐れている

こんなサポートもしてみよう！

これらの不安には、「安心をつくること」が大切です。例えば、保育者が見本を上手に作らない、造形活動以外の場面での信頼関係を大切にする、何度でも挑戦できるように材料をたくさん準備したり、導入や活動中に失敗への前向きな価値観を伝える言葉かけをすることなどです。

P.40-41で詳しく解説していますので、チェックしてみましょう。

不安を解消するための具体的なサポート
～３つの安心づくり～

1
スキルへの安心づくり
見本は、子どもの線や形に近づける

見本を作るとき、つい「すてきな見本を見せてあげたい」と、作り込みすぎてしまうことはありませんか？　しかし、保育者の見本の完成度が高いと、子どもたちは「先生すごい！」「やって！」となりがちです。そして、活動の主役が保育者になってしまいます。

活動の主役は子どもたちであり、保育者の役目は、子どもたちの意欲を引き出すことです。

そこでポイントになるのが、〝見本でつくる安心〟です。保育者の見本が子どもたちの線や形に近いと、子どもたちは「私にもできる」「自分で作りたい」と安心し、上手・下手にとらわれず、自分の表現に向かうことができます。

2
アイデアへの安心づくり
日ごろの信頼関係を大切に

アイデアへの安心づくりには、造形活動以外の場面が大切です。自分の思いやアイデアを保育者がしっかり受け止めてくれるという日ごろの信頼関係が、造形活動にも表れるからです。

ふだんから子どもの話をじっくり聞いているか？　指導や評価の言葉かけばかりになっていないか？　保育を振り返りながら子どもたちを受け止めていきましょう。

評価の言葉かけとは？

子どもの作品に対して、つい「上手だね」といってしまいがちですが、これは他者評価の言葉。それよりも、子どもの表現に共感する言葉かけが大切です（P.76参照）。

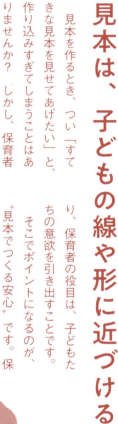

3 失敗への安心づくり

失敗をプラスにとらえる言葉かけと、材料がたくさんある様子を視覚的に見せる

失敗することを不安に思うのは、「失敗＝ダメなこと」ととらえているからでしょう。しかし、失敗はダメなことではありませんよね。人は、失敗するからこそ、それを糧に成長していくもの。それは、造形活動においても同じです。

　失敗を不安に思う子どもには、「失敗っていいことだよ。失敗すればするほどパワーアップするからね」などと、まずは言葉で「失敗への前向きな価値観」を伝えていきましょう。

　もう1つは、材料をたくさん準備することです。自分で使える材料が1セットしかなかったら、「失敗できない」と緊張して不安になるのも当然ですよね。材料をたくさん準備して、子どもたちが安心して何度でも挑戦できる環境をつくりましょう（P.10「『環境設定』の3つのポイント」参照）。

　導入時や活動中にも「材料はたくさんあるから、何個でも作ってね。何回失敗してもいいよ」。こんな言葉をかけて、子どもたちが安心できる雰囲気をつくっていきましょう。

何回 失敗しても いいよ
失敗すれば するほど
パワーアップ
するからね!!

タイプ
2

友達の作品をまねする子

うれしそうか不安そうか、子どもの様子によってサポートを

まず、「まねはダメ」と決めつけないことが大切です。例えば、友達の絵を見て「私も同じように描きたい」と、うれしそうにまねをする子は、それを自分が本当に表現したいからまねするのでしょう。こうしたまねは、いわば**「肯定的なまね」**です。この場合は、様子を見守りましょう。

一方、不安そうに誰かのまねをしている子は、アイデアやスキル、失敗に対する不安から、自分を隠すためにまねをしているということが考えられます。こちらは、**「否定的なまね」**といえるでしょう。

まねでサポートが必要なのは、後者の場合です。

自分を隠してまねをしている場合は、そうしてできた作品を**保育者がほめたり、過剰に反応したりしないというのがポイント**です。不安でまねをした作品をほめられると、「やっぱり、まねをしたほうがいいな」と、ますますまわりの評価を気にするようになるからです。

まねをした作品への反応を抑えるかわりに、P.40で紹介したような安心づくりを心がけましょう。最初は不安で様子をうかがってまねをしていた子も、少しずつ安心感が増していくと、2個目、3個目の作品で自分の描きたいもの、作りたいものが表現できるという姿がよく見られます。

タイプ3

途中で「やりたい」といってくる子

「やっぱりやりたい」をいつでも受け入れる準備を

P.38「『やらない』『やりたくない』という子」にもあるように、「ワクワクしないから」という理由でやらなかった子が、友達の姿や作品を見て「あんな作品が作れるなら、ぼくもやってみたい!」と思ったり、「不安だから」という理由でやらなかった子が、みんなのアイデアを見て安心し、「やっぱりやりたい」といってきたりすることがあります。

はじめは導入を聞き、見本を見ても、その子なりの経験の範囲では、期待がふくらまなかったのでしょう。**友達の姿を見て途中からやりたくなるのも、集団生活ならでは**のことです。

そうした子に対しては、「なんで最初からやらなかったの?」などとはいわず、温かく受け入れましょう。そのためにも材料などはそのまま出しておき、「やりたくなったら、いつでもおいでね」と声をかけ、**子どもの好きなタイミングではじめられるようにしておけるといい**ですね(P.10「『環境設定』の3つのポイント」参照)。

子どもの思いを受け入れて、必要に応じて再度、導入説明をしましょう。

タイプ4

イメージをうまく表現できず、途中であきらめてしまう子

納得いかずに途中であきらめるのは、マイナスなことではない

思ったように表現できず、描いた絵を塗りつぶしたり、粘土製作を途中であきらめたりしてしまう子を見たとき、みなさんはどう感じるでしょうか。そもそもの話。そうした姿は、保育の中では「ない」ほうがいいのでしょうか。

実は、そうではありません。なぜなら**造形活動や表現活動とは、目に見えない頭の中のイメージやアイデアを、目に見える形にする行為だから**です。それは、ときにむずかしいことでもあります。

絵や製作物が思うように表現できず、描き直す、作り直す。または、どうしても思うようにいかないから一回やめて、気分を変える。こうしたことは、創作のプロの人たちでもよくあることです。むしろ、それも含めて表現であり、このプロセスこそが育ちといえます。

子どもたちも同様です。思うようにいかなくて、ぐちゃぐちゃにしたくなる。その葛藤・行動も含めて、造形活動・表現活動の中での大切な育ちの場面なのです。

ですから、まずは、子どもたちが途中であきらめてしまうような場面を**「なくす」のではなく、「受け止める」という視点でとらえることが大切**です。その上で、どのようなサポートができるのかを考えていきましょう。

保育者ができる3つのサポート

子どもの葛藤を受け止めるためのサポートを考えていきましょう。

サポート1　共感や励ましの言葉かけ

まずは、「思うようにいかないと悔しいよね。先生もそういうときあるよ」といった共感の言葉や、「材料はまだあるから、何回でもチャレンジしてごらん」といった励ましの言葉をかけることがおすすめ。保育者がこのように言葉にすることで、子どもたちの中には「思うようにいかないときもあっていいんだ」という価値観のものさしが増えるからです。そうして、**失敗を前向きにとらえられるようになることは、うまくいかない自分を肯定することにもつながっていく**のでしょう。

サポート2　作品への思いが強い子には、その思いに寄り添う

「なぜあの子は、思うようにいかないとぐちゃぐちゃにしてしまうのか」という行動の理由を考えてみましょう。ほかの子どもも、失敗したり、思うようにいかないことはありますよね。だけど、ぐちゃぐちゃにする子としない子がいる。この違いの1つには、ただ純粋に「自分の作品への思いが強いから」ということがあるでしょう。その場合は**思いを受け止め、寄り添ってほしい**と思います。

サポート3　子どもたちを評価しない時間を積み重ねていく

「まわりの評価に過敏になっている」という場合もあります。まわりからの評価を気にして、できない自分を見せたくない。だから、ぐちゃぐちゃにしてしまう。評価に過敏になっている子の背景は、主に2つに分けられると思います。

1つは、クラスの中でみんなのヒーローになるようなタイプの子。もう1つは、スキルがつたなくて自信がない子です。前者は、まわりから評価される場面、後者は評価されない場面が多いため、できないことを怖がったり、嫌がったりする傾向があります。

こうした子どもたちへは**評価しない時間をゆっくり積み重ねていくことが大切**です。過剰にほめてもてはやすことも、失敗しないように細かく指導することも我慢して、評価しない関わり、教えない関わりを意識してみてください。

ほめる・教える以外の関わり方を模索し、子どもたちが「ありのままでここちよい」「うまくいっても失敗しても、その全部を先生や友達は受け入れてくれる」という雰囲気をつくっていくと、思い通りにいかなくてもすぐにあきらめたりせず、何度もチャレンジする姿へつながっていきます。

タイプ 5

早く終える子・時間をかける子

「ごっこ遊び」への展開で、どちらの思いも満たせるように

早く終える子は、満足したから終わりにする場合と、イメージが煮詰まったから終わりにする場合、方法が煮詰まったから終わりにする場合の3つが主な理由として考えられます。一方、時間をかける子は、それがその子のペースですから、受け止めることが大切です。

それをふまえて、両者には、サポートをするときの共通ポイントがあります。それは、**「ごっこ遊びへの展開」**です。

例えば、空き箱で車を作っているとき、早く作り終えた子と「一緒にドライブに行こうよ」と、ごっこ遊びを展開します。すると、その子の中ではイメージがさらにふくらみ、「あ、道路も作ろう」と工作に戻ったり、友達の車にドアがあれば、「そうか、ドアをつけたらもっとかっこいいな」と、再び作り込んだりする姿が見られるでしょう。

そのためには、**遊びのスペースを用意しておくことが必要**です（P.10「『環境設定』の3つのポイント」参照）。

一方で、時間をかける子は、みんなが完成して遊んでいる間もじっくり作ることができ、両者のペースに寄り添うことができます。

タイプ6

テーマと違うものを作る子

自分でテーマを見つけるのはとてもすてきなこと

テーマと違うものを作ることは、そもそも悪いことではありません。

例えば、みんなが乗り物をテーマに造形活動をしている中で、「私はカメラを作りたい」といって、カメラを作っている子がいたとします。作っているものは違っても、自分で想像し、イメージを形にしようとする造形活動の本質は同じですよね。

また、テーマと違うものを作りたいというのは、言い換えれば**自分自身でテーマを見つけた**ということ。これは、とてもすてきなことです。

ですから、テーマと違うものを作る子がいたら、それも受け止めましょう。そのためには、園全体で保育観を共有しておくことも大切です（P.9「職員同士で〝保育観〟を共有しておくことが大切」参照）。

そして、もしもその子を見てほかの子も「そっちを作りたい」という場合は、そもそものテーマ設定を見直しましょう。

また、わが子だけテーマと違うものを作ることを心配する保護者もいるかもしれません。前述の通り、それもすばらしい育ちであることを伝えていきましょう。

タイプ 7

自由画を描くときに、なかなか進められない子

自由画とは、描きたいときに描きたいものを思いのまま描くもの

まず、自由画とは何か。それは、「自分が描きたいものを自由に描く絵」ですよね。しかも、描きたいときに描く。これが自由画です。ということは、自由画を描く時間に描きたいものが見つからず、進まないのならば、描かなくていいのです。

本来、子どもたちは、描きたいものがあれば描きますし、なければ描きません。それは、**自分の思いと感情にゆだね、素直に表現に向かっている姿**なのです。ですから、まずはその姿を受け止めてあげてください。

それでは、担任の保育者が子どもの「描かない」を受け止めるために壁となるものは何か。それは、こうした保育観をもたない保育者・保護者です。

担任の保育者が子どものペースを尊重したいと思っても、まわりの保育者や保護者に「この子は描けていない。描けないのは担任の責任」と見られてしまったら、じっくり見守ることができません。そうならないように、周囲と、保育観・子育て観を共有することが大切です（P.9「職員同士で〝保育観〟を共有しておくことが大切」参照）。

自由画をこのようにとらえ直したとき、もう1つポイントとなるのは**「自由画に見本や指導はいらない」ということ**です。子どもたちは、描きたくなったら描くと前述しましたが、「描きたくなる」とはどういうことか。左ページを見ながら整理してみましょう。

描きたくなるための要素とサポート

子どもたちが「描きたくなる」には、大きく次の３つの要素が関係しているように思います。
それを理解した上で、サポートの仕方を考えていきましょう。

要素1　絵を描く楽しさに自分で気づく

子どもたちが絵を描く様子をじっくり見ていくと、まずは、なぐり描きを楽しむ時期があります。これは、ペンやクレヨンを持って手指を動かすと、**目の前に線が表れるという「行為」と「現象」のおもしろさを感じている**のでしょう。そのあと、なぐり描きによって生まれた線に、「ママ」「くるま」などの意味を見つけます。これが「絵」のはじまりです。こうした意味づけを経て、**頭の中のイメージや目の前の対象を「描く」という楽しさを発見**していきます（P.12「知っておきたい『表現の３段階』参照）。子どもたちは、自由に描く楽しさに自分で気づきますから、それを待つことが大切です。

要素2　絵を描きたくなるような安心できる雰囲気

自由画とは、自分の考えや好きなことを紙の上に表すこと。さらには、自分のスキルが表れること。それらを評価されるような雰囲気があったら、描きたいものがあっても素直に描くことはできません。**上手・下手を気にすることなく、何を描こうがまわりを気にすることなく自由画に向かえる雰囲気**。これも大切です。

要素3　絵に描きたくなる空想や思い出が頭に浮かぶ or 絵に描きたくなる人やもの・景色に出会う

描きたくなるほどに**ワクワクするイメージが自分の頭に思い浮かんだとき、または目にしたとき**に、しぜんに「描きたい！」という思いが生まれます。この思いが自由画の出発点です。「描きたい！」と思えるような出会いをたくさんつくっていきたいですね。

このような３つの要素が重なり合って、子どもたちは「絵を描きたい！」と思うのでしょう。そう考えると、保育者にできるサポートは、指導することよりも、要素１～３を含めた環境をつくることだといえます。つまり、子どもたちと造形活動を楽しみ、一緒に想像をふくらませ、いろいろなものを見ることです。こうした経験の先に「描きたい！」というタイミングがしぜんとやってくるでしょう。

保育者も「描かなければならない」「完成させなければならない」という考えを手ばなして、気楽に楽しんでくださいね。その気楽な雰囲気こそが、子どもたちがのびのびと自由画を描くことにつながっていくはずです。

タイプ 8

いっせいの説明で、わからない子

育ちの差があるのは当然。まずはそれを受け止めること

いっせいの説明で活動をはじめる子と、そうでない子がいる。取りかかれない理由は様々ありますが（P.38「『やらない』『やりたくない』という子」参照）、ここでは、「子どもによって保育者の説明の理解に差がある」という点について整理していきましょう。

理解に差が生まれる理由は、**月齢や家庭環境などによって言葉から想像するイメージに大きく開きが生じるから**です。例えば、クラスの中に4月生まれの子と3月生まれの子がいるとします。その子たちに「画用紙で飛行機を作って遊ぼう！」と説明するときのことを考えてみましょう。

説明を聞いて理解するということは、**説明の言葉から自分の経験をもとに、頭の中に飛行機の形や画用紙の使い方をイメージできるということ**です。〝経験〟という引き出しがなければ、頭にイメージすることはできません。

4月生まれと3月生まれでは、月齢が11か月違うため、遊びを通した経験にも、言葉からイメージする経験にも大きく差があります。そのため、説明が「わかる子」と「わからない子」がいるのは当然のことで、それぞれがありのままの育ちの姿なのです。

こうした子どもたちの差をマイナスととらえるのではなく、「育ちの差は、どーんと受け止める」という保育観を職員同士で共有することが大切です。

一人ひとりの育ちに向き合うためのサポート

子どもたちの差を受け止めながら導入や説明の工夫を心がけていても、
「どうしよう」と感じる場面もあるでしょう。そんなときに大切にしたいポイントを紹介します。

+1のポイント

誰からサポートする？

まずは、「説明を聞いてもわからなかった子」をサポートします。次に、不安そうな子には安心づくりを心がけます。

その間、すでに自分の作品作りに夢中になっている子たちのことはあまり見られませんが、見られなくても焦ることはありません。なぜなら、造形活動とは、保育者のリアクションや関わりよりも、自分で自分の表現に満足することが大切だからです。

その様子を見られなかったのは残念ですが、「私がサポートしなくても、こんなに自分で考えたり作ったりしたんだな」と、その成長を喜びましょう。そして、ほかの子のフォローが終わってから向き合っていきましょう。

作品の説明を聞いたり、作ったもので一緒に遊んだりして、その子の想いとアイデアを受け止めてあげてくださいね。

「説明を聞いてもわからなかった子」が何人かいる場合は、「説明がわかりにくかった人は、もう一回説明するから先生のところにおいで」と伝えることで、何人かのサポートをいっせいにすることもできます。

どうしよう1

いっせいの説明で理解できない子へのサポート

説明がわからない子＝「言語」で頭の中にイメージする引き出しが少ない子には、**視覚情報をセットにして伝えることがおすすめ**です。

例えば、「新聞紙で動物を作ろう！」という説明であれば、実際に目の前で新聞紙を丸めたり、テープで貼ってつなげたりする過程をていねいに見せながら説明します。「見ればわかる」を心がけることによって、**子どもたちのイメージする引き出しの差を縮める**ことができるでしょう。

新聞紙を
丸めるよ

どうしよう2

その間、まわりの様子が見られない……

見られなくて当然です。そもそも、一人の人間が、10人・20人に対していっせいに向き合うことはできませんよね。それを自覚した上で、**わかったフリをせずに焦らず一人ひとり順番に向き合ったり、サポートしたりしていく**ことが大切です。

タイプ
9

ふざける子・人の作品をけなす子

どちらも自信のなさや不安の表れから

「ふざける」「けなす」といった行動も、不安からくることが多いようです。特に、自分がまわりからどう思われるか敏感になっている子によく見られます。

「ふざける」と、子どもたちの中で笑いが起きますよね。みんなが笑うと一見楽しい雰囲気で、その子が個性を発揮しているようにも見えます。しかし、見方を変えれば**「不安だから、本当に作りたいものを表現せずに、変なものを作ることで本音を見せない」「評価されたい＝注目されたいからふざける」**ととらえることもできます。

もちろん、その子が本当にみんなを笑わせることが好きなら、それはすてきな個性です。しかし、あまりにもふざける場面が多いようなら「他者評価に不安があるのかな？」「本当に作りたいものを作れているかな？」という視点からも様子を見てみてください。

人の作品をけなす子も同様です。不安で自信がないからこそ、自分が否定される前にまわりを否定して、自分のポジションをキープするというのは、大人でも見られる行動ですよね。誰かの作品をけなすことに対しては「それは、やめようね」と注意することも大切ですが、一方で**「不安なのかもしれない」という視点でやさしく受け止めることも大切**です。

こうした子どもたちには、「このクラスは、誰も評価や否定をしない。ありのままでいいんだ」と思える安心をていねいにつくっていきましょう（P.40「不安を解消するための具体的なサポート」参照）。

COLUMN

「目に見える育ち」と「目に見えない育ち」のどちらも大切に

子どもの育ちには、2種類あると思います。1つは「目に見える育ち」です。造形作品が完成した、みんなでダンスをそろって踊れた、逆あがりができるようになったなど、目に見える結果としてわかる育ちです。これらは、保護者も日々の送り迎えや作品展、保育参加、発表会などで見ることができます。

しかし、幼児期に大切な育ちは、目に見える結果だけではありません。

作品をどうやって作ろうかじっくり考えて悩んだり、思うようにいかず失敗して悔しい気持ちを抱いたり、葛藤したり、こうしたプロセスもまた、大切な育ちです。これが、もう1つの「目に見えない育ち」です。

目に見えない育ちは、保護者にはなかなか伝わりづらいもの。だからこそ、そのプロセスを保育者がしっかりとキャッチし、保護者に伝えられるといいですね。

～作品が完成しなかったDちゃんのお迎えで～

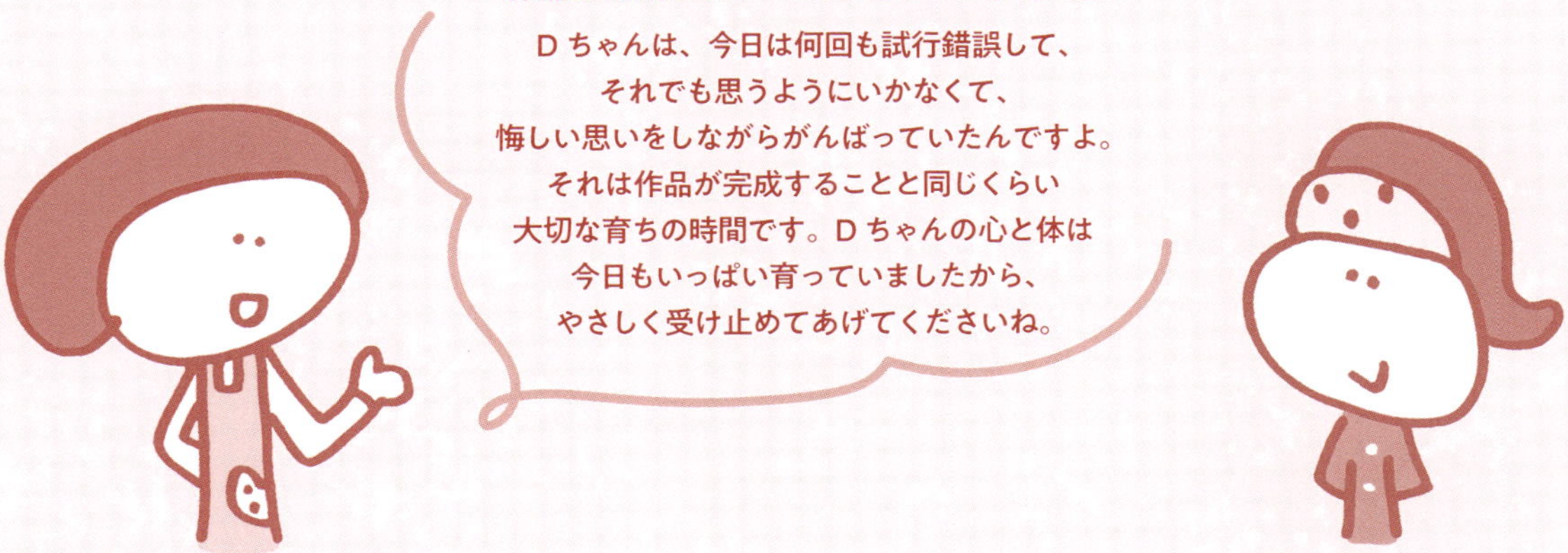
Dちゃんは、今日は何回も試行錯誤して、
それでも思うようにいかなくて、
悔しい思いをしながらがんばっていたんですよ。
それは作品が完成することと同じくらい
大切な育ちの時間です。Dちゃんの心と体は
今日もいっぱい育っていましたから、
やさしく受け止めてあげてくださいね。

番外編

低年齢児の造形遊び

様々な遊びを通して世界をとらえる子どもたち

0・1・2歳児は「造形遊び」にこだわる必要はありません。なぜなら、この時期の子どもたちは造形遊びも含めて、身のまわりのあらゆるモノで遊ぶことで世界を探索しているからです。

子どもが働きかける対象は、おもちゃや絵本、生活用品、自然物、さらには目の前にあるもの何でも。そして、気になってさわると、それらには次のような変化が起きます。

- ●押したら揺れる
- ●押したら倒れる
- ●開けたら出てくる
- ●引いたら抜ける
- ●たたいたら音が鳴る
- ●振ったら音が鳴る　など

こうした「行動と変化」が子どもたちにとっての遊びであり、同時に、子どもたちは遊びを通して世界をとらえているのです。

ボール遊びの場面での行動と変化

❶目線の先にボールを見つけました。
❷歩いていき、ボールをつかみます。
❸〝えいっ〟と放ると、ボールが転がりました。

造形遊びの場面での行動と変化

❶クレヨンを見つけました。
❷クレヨンを手に取ります。
❸紙に向かって手を動かすと、線が現れました。

身近にあふれるたくさんの造形遊び

「行動と変化」を楽しむ子どもたちの姿を理解した上で、造形遊びとは何かを考えてみましょう。造形遊びというと、絵の具や小麦粉粘土をはじめ、様々な素材、画材、道具を使ってカラフルでダイナミックに遊ぶイメージがあると思います。もちろんそうした造形遊びも子どもたちは大好きですが、もっと身近にとらえ直してみましょう。

『行動と変化』の遊びの中で、その変化が形に残るもの」。これが造形遊びです。

例えば、砂遊び。砂を引っかけば跡ができるし、掘ったら穴ができますよね。こうして変化の形が残る砂遊びは、立派な造形遊びです。

また、ある子がミニカーを並べたら、長い列ができました。その列がおもしろくて、今度はミニカー以外にもいろいろなおもちゃを並べ、さらに長い列ができました。こうした並べる遊びも、広い視点で見れば造形遊びの1つといえるでしょう。

身近な造形遊び

新聞紙遊び

つかんだらくしゃくしゃになった、丸めたら球ができた、引っ張ったら破れた、など。

シール遊び・テープ遊び

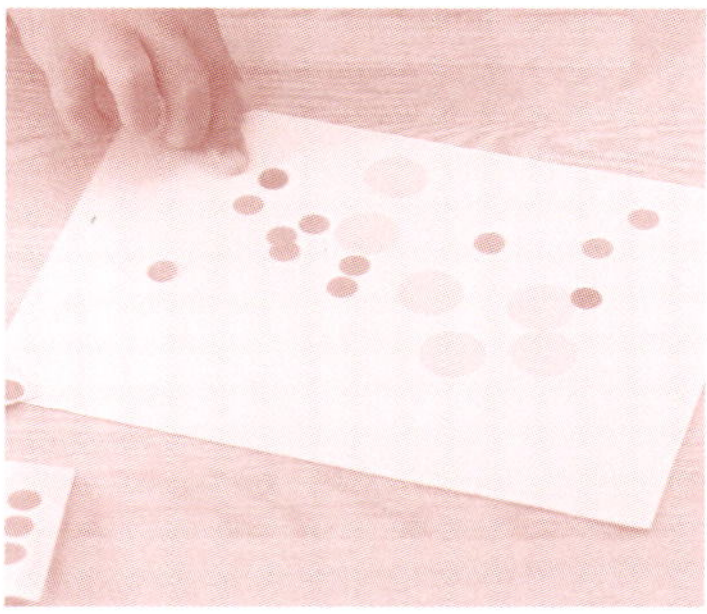

シールを紙に貼ったら模様ができた、紙と紙にテープを貼ったらつながった、など。

粘土遊び

たたいたらへこんだ、引っ張ったら切れた、丸めたら球になった、など。

砂遊び

砂をつかんだら指の跡ができた、砂を盛ったら山ができた、砂を掘ったら穴ができた、など。

積み木遊び

積んだら高くなった、並べたら線になった、など。

子どもたちの探索活動（遊び）が充実する環境づくり

子どもたちは、「行動と変化」の遊びを通して世界を探索しています。

探索活動をより充実させるための保育者の役割の１つは、「行動と変化」のきっかけとなる「出会い」をつくること＝環境づくりです。

自然・素材・道具など、様々なものとの出会いのきっかけを保育室や園庭に充実させる際のポイントを紹介します。

1 仮説を立てる

まずは「これが保育室にあったらおもしろいかな？」「園庭にこんなものがあったら子どもたちはどうするかな？」という視点で、いろいろなものを見てみましょう。

例えば、道端や、100円ショップ、文房具店、ホームセンターなどを散策しながら、「子どもたちはこれでどう遊ぶだろう？」という視点で素材や道具を見てみましょう。そして、「おもしろくなりそう」と思うものと、「おもしろくなるかわからない」と思うものを用意してみます。

2 環境をつくる

①で準備したものを保育室や園庭に取り入れてみましょう。
取り入れ方は、保育者がさりげなく配置しておき、子どもたちが自分で見つけて遊びをはじめるのを待ちます。または、保育者が「今日はこんなものを用意したよ」と紹介して、子どもたちが遊びはじめるのもいいでしょう。状況や人数によって、どちらも試してみましょう。

3 検証する

子どもたちがそれに対してどのような反応をするかを見てみましょう。

A：子どもたち自身が、その素材や道具で遊ぶことを楽しんでいる

→この場合は、用意した環境（素材や道具）が適していたということです。子どもたちが満足するまで遊びましょう。

B：そこまで子どもたちの興味をひかない

→この場合は、2つの関わりを試してみましょう。

（1）時期を改めてみる

用意した環境（素材や道具など）が今の子どもたちには合わなかったと考え、時期を改めてみましょう。または、いつでも使えるように、そのまま環境として残しておきましょう。子どもたちのペースで、自ら興味をもち、遊びがはじまるタイミングがくるはずです。

（2）保育者が遊びを実践してみる

用意した環境（素材や道具）で、保育者が1つの遊びを実践してみます。保育者の様子を見ることによって使い方やおもしろさがわかると、まねして遊ぶ子が現れ、またその子をまねして遊ぶ子が現れ……、というように遊びが広がっていきます。

**①～③をくり返すことで、子どもたちを取り巻く環境は充実していきます。
さらに、同じ遊びでも、道具と対象が変わるだけでまた変化が生まれます。**

並べる

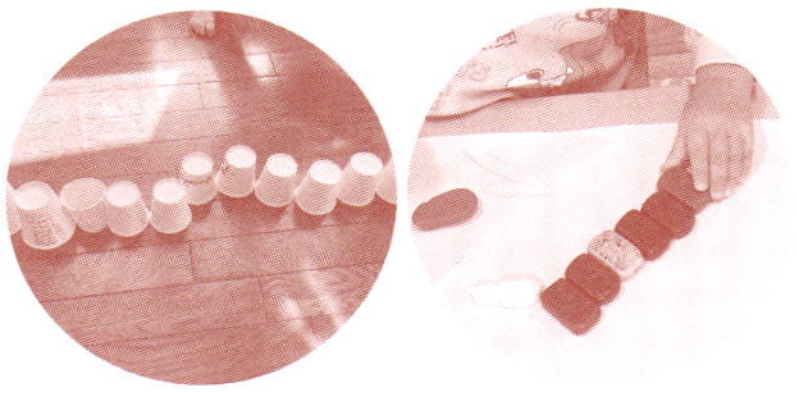

クレヨン・ミニカー・色画用紙・積み木・紙コップを並べる

つなげる

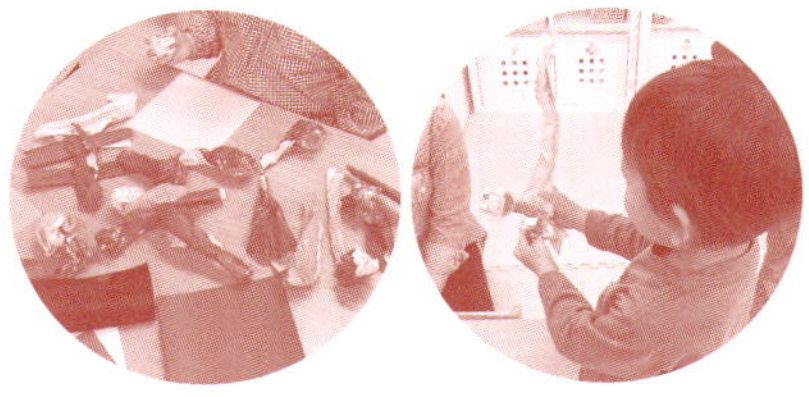

色画用紙をつなげる（平面）、空き箱や廃材をつなげる（立体）

絵を描く

小さい紙・紙コップや紙皿・段ボールに描く、鉛筆・ペン・絵の具で描く

子どもたちの興味・関心・好奇心に寄り添う関わり

P.56-57では環境づくりのポイントを紹介しましたが、ここでは、その環境に対して探索活動（遊び）をはじめた子どもたちに寄り添うポイントを、プロセスに沿って紹介します。

1 見つける

子どもたちは、環境の中でおもしろそうなものを見つけると、手に取って、「これなんだろう」「何かおもしろくなるかな」などと考えはじめます。こうした子どもたちの主体的なアプローチに対して、保育者はいきなり声をかけず、様子を見ながらじっと待つようにしましょう。

2 行動する

手に取ったものを、握ったり、振ったり、押したり、たたいたりしながら、そのものの性質を探ります。

（例）きれいな折り紙を見つけて手に取り、指にグッと力を入れて握ったら、クシャッと丸まった、など。

3 気づく

行動によって変化が起きると、子どもたちはいろいろなことに気づきます。

（例）②の折り紙がクシャッと丸まる様子を見て、「折り紙って、つかむと丸まるんだ！」と気づきます。そして、それを「おもしろい」と感じる自分に気づけば、また同じ遊びをくり返します。反対に、おもしろいと感じなければ、次の興味の対象に移ります。

4 共有する

子どもたちが①〜③を楽しんでいると、はたと手を止め、パッと明るい表情でまわりを見渡し、保育者を探すという場面もよく見られます。これは子どもが保育者に「ねぇ、見て。これおもしろいよ！」とか、「一緒にやろうよ」といった共感を求めているのでしょう。
このように求められたときにはじめて、保育者も「おもしろいね」とこたえたり、一緒に遊びながら楽しさを共有しましょう。

5 探索する

自分で楽しみ、他者（保育者）と共有することで、その対象に満足すると、また新しい興味の対象を探索します。反対に、「もっとやりたい！」と思えばさらに遊びを探究していきます。子どもたちの様子を見ながら、ある子には新しい興味のきっかけを用意したり、ある子には一人で没頭する姿を見守ったり、ある子とは一緒に遊びを共有したり、一人ひとりに合わせて関わっていきましょう。

造形遊び＝行動表現から行動発想表現へ

こうして子どもたちが「行動と変化」の造形遊びをたっぷり楽しんでいると、その遊びの中で偶然生まれた形に、「見立て」や「意味づけ」がはじまります。これが、行動発想表現へとつながっていきます（P.12「知っておきたい『表現の３段階』参照」）。

COLUMN

自信がなかった作品がお気に入りになり、最後は誇らしく思えるように

夏に保育園でお絵描き遊びをしたとき、なかなか描き進められないAちゃんがいました。Aちゃんはクワガタを描きたかったのですが、思うように描けません。そこで、ぼくも一緒にクワガタを描いたところ、Aちゃんは「交換してほしい」といい、交換しました。

ぼくの描いたクワガタがAちゃんのより特別上手なわけではなく、むしろAちゃんの線に近づけて描いたので、2つのクワガタの絵は似ています。それにも関らず交換してほしいというのは、それだけ自信がなかったのでしょう。

Aちゃんはぼくの描いたクワガタで、ぼくはAちゃんのクワガタでごっこ遊びをし、終わったあと、ぼくは「本当にもらっていいの？」と再度たずねました。するとAちゃんは「やっぱり持って帰る」といって自分が描いたクワガタを持ち帰りました。

あとで担任の先生から聞いたところ、Aちゃんはその後のプールの時間も、自分が描いたクワガタを持ったまま、絵が水にぬれないようにプールに入っていたそうです。Aちゃんの自信が伝わってくるうれしい報告でした。

Aちゃんは、自分の描く絵が変化したわけではないのに、なぜ自信をもてたのでしょうか。それは、ごっこ遊びを通して、絵の「上手・下手」のものさしよりも、「表現する楽しさ」のものさしのほうが大きくなったからでしょう。

みなさんも、子どもたちとたくさん遊んでくださいね。

part

4

保育者自身の「困った」を解決するQ《クエスチョン》&H《ヒント》

個人差への対応、はさみの指導方法、素材の選び方、言葉かけなど、
「本当にこれでいいのかな……」と悩むことも多い造形活動。
保育者自身の「困った」を解決に導くヒントをお届けします。

Q 個人差が大きく、援助の仕方に悩んでいます。どのようなことを大切にしたらよいのでしょうか？

H 差を埋めるのではなく、「個人差に対する援助」＝「個々の育ちとペースを守るための援助」と理解しておくことが大切です

育ちの差があるのは当然のこと。まずはそれを受け止めて

まず「子どもの育ちの差」に対する考え方を確認しましょう。

保育の現場では、個人差があることは、まだまだネガティブにとらえられがちです。造形活動の場面でも「あの子は、ほかの子よりも時間がかかるからフォローしなくては」「あの子はほかの子よりつたないから、同じ完成度にするにはどうしたらいいかな？」などと、**差を埋めようと考える**人が多いのではないでしょうか。

今日から思い切って、この考えを捨ててしまいましょう！

これまでに述べた通り、同じ学年でも、4月生まれの子と翌年3月生まれの子では、11か月もの月齢差があります。さらに、家庭でも日ごろから親子で絵本を読んだり、工作をしたりして遊ぶ家とそうでない家とでは、経験に差が生まれます。それぞれの個性やペースもあるでしょう。

つまり個人差とは、**経験・環境・個性が混ざり合ったありのままの育ちの姿**であり、それが線や形に表れるのです。その差を比べるのではなく、**それぞれの育ちを受け止め、喜ぶ姿勢が大切**です。

このように考えたとき「個人差に対する援助」というのは、個々の技術の差を埋めるためではなく「**個々の育ちとペースを守るための援助**」だということを理解していただけるのではないでしょうか。

実際にどのような援助ができるのか、特に大切な3つのポイントを紹介します。

保育者ができる援助

子どもたち一人ひとりのペースを守るために、日ごろから心がけておきたいことについて見ていきましょう。

子どもたちへの直接的な援助の前にできること 1

保育観を園全体で共有する

「個人差はあっていいもの」「個々の差やペースに寄り添うことこそが大切」という**保育観を、職員同士で共有することが重要**です（P.９「職員同士で“保育観”を共有しておくことが大切」参照）。

共有できないと……

組んでいる同僚や先輩・上司に「あの子、ほかの子よりできていないね。もっとサポートしてあげて」といわれたり、発表会などの際に、みんなが同じようにできることを求められたりしてしまいます。

子どもたちへの直接的な援助の前にできること 2

保護者の理解を得る

保護者は、保育者以上にわが子とほかの子との差を気にしがち。保護者に対しても、**その子のペースで育つことの大切さ**を伝えていきましょう。また、保護者は「なぜ大切なのか」という根拠がないと納得しづらいもの。子どもたちそれぞれのペースで、自分の頭と体を使いこなすことこそが自立や自主性、自信につながっていくことを話すとよいでしょう。

子どもたちへの直接的な援助

ごっこ遊びの展開を考えておく

子どもたちへの直接的な援助の１つが、**「その造形活動からはじまるごっこ遊びを考えておく」**ことです。空き箱で車を作る活動で考えてみましょう。子どもたちは、車が完成したらどのようにして遊ぶでしょうか？　例えば、右の図のような遊び方が考えられます。

なぜ「ごっこ遊び」か。それは、**ごっこ遊びは想像の世界を楽しむもの**だからです。イメージをふくらませて作品を完成させた子が、そのイメージの世界で遊ぶ→また新しいアイデアが浮かび、もっと作りたくなる→また作る、というように、想像と表現は連鎖していきます。

材料を少し余分に準備しておくと、早く完成した子はもう１つ作ったり、行き先や駐車場を作ってごっこ遊びをしたりして、さらに想像と表現の世界を楽しむことができます。反対に、時間のかかる子は、活動時間の中でじっくり１つを完成させることができ、どちらの子も満足いくまで楽しむことができるでしょう（P.10「『環境設定』の３つのポイント」参照）。このように、それぞれのペースを守りつつ、みんなが楽しめる時間をつくりやすくなります。

想定される遊びの流れ

車ができたら運転手を作る ▶ 運転手を乗せてドライブごっこをする ▶ 行き先の公園や森、動物園を作って大きな街にする

ほかにも、車を何台も作ってお店やさんごっこをする、レース大会をするなど、考えるとワクワクしてきますね！

Q 絵を描いたり、ものを作ることは好きですが、自信がもてません。どうしたら自信をもてるのでしょうか？

H 「好き」は、一番すてきな自信の根拠です

表現は、自分の「好き」という思いが一番大切

「はじめに」でも述べましたが、ぼくは研修会のとき、よくこんな質問をします。「お絵描きや工作が好きな人、手をあげてください」。すると、ほとんどの人は手があがりません。そこで質問を変えてみます。「あまり上手ではないけれど、好きな人？」。こう前置きを入れると、先ほどよりも手があがります。

　最初の質問で手をあげられる人は、そのあとの実技の様子を見ていると、絵や工作に自信のある先生が多いようです。対して次の質問で手をあげる人は、好きだけどスキルにはあまり自信がない先生たちのようです。

　これはとてもおかしなことだと思います。なぜなら、**表現というのは本来、下手も不器用も関係なく、自分の「好き」という思いが一番大切**だからです。好きなら自信をもっていいのです。

　では、なぜ私たちは「好き」だけでは自信がもてないのか。「上手じゃなければ自信をもてない」と考えてしまう原因には、学校教育が大きく関わっています。みなさんの多くは、小・中学校で少なくとも9年間は図工・美術の教育を受けていますよね。人によっては、高校や専門学校でも学んできたことでしょう。

　たくさん時間をかけて教わってきたのに、好きな気持ちだけでは自信をもてない。この意識をつくり出してる原因は「評価」です。左のページで詳しく解説します。

好きなのに自信がもてなくなる理由と保育者ができること

好きなのに自信がもてなくなる理由に「評価」がどう影響しているのでしょうか。
保育者が絵や工作が苦手でも、自信をもっていい理由と併せて解説します。

比較と評価の中で 徐々に失われていく自信

自分の幼児期や、2・3歳児クラスの子どもたちのことを思い出してみてください。きっと、ほとんどの子はお絵描きが好きなはず。それなのに、大きくなるにつれてだんだんと苦手な子が増えていく。その理由は、**比べられるから**です。

学校に入ると通知表をもらいます。成績のよい子、つまり評価される子がいる一方で、図工は好きだけど、表現がつたない子もいます。そういう子は評価されず、通知表の評価も低くなりやすいもの。また、市町村などで開かれる絵画コンクールでも、子どもの作品が出品され、賞が与えられます。自分としてはお気に入りの作品ができたけれど賞をもらえず、友達の作品に金や銀や銅の紙が貼られたり、みんなの前で表彰されたりすることもあります。こういう**比較と評価の中で、「好き」だけでは自分の思いを肯定できなくなっていく**のです。

教育や保育は「子どもたちが今も、そして未来も、幸せに生きるため」にあります。幼児期に好きだったお絵描きや工作が、指導され、苦手になっては本末転倒ですよね。

保育者が苦手でも 自信をもっていい理由

絵や工作が苦手でも、**ありのままを楽しむ保育者の姿は子どもたちの「安心」をつくります**（P.38『「やらない」「やりたくない」という子』参照）。保育者の見本を見て「上手！だけど私にはできない」と思えば、子どもたちはやりません。対して、保育者が下手でも楽しそうに表現していたら、子どもたちはホッとして、自分の表現に向かいます。保育者の役目は、**子どもたち一人ひとりがイキイキと活動するための環境づくり**ですよね。だから、うまくなくていいのです。

スキルに自信のない人は「私は、子どもたちの安心をつくっている」と思って堂々と楽しんでくださいね。

技術やアイデアのレパートリーが少なくて困っています。どうしたらいいのでしょうか？

子どもたちは日々成長し、遊びの展開も変わっていきます。レパートリーを増やすより、作品の世界で遊び込むことが大切

日々成長する子どもたちに大人が提供する新しさはそれほど重要ではありません

　まずは保育観から考えていきましょう。造形活動を「子どもたちが想像し、表現することのおもしろさをたっぷり味わう」という視点で考えたとき、そもそもレパートリーが少ないことは問題なのでしょうか。

　保育歴の長い保育者にとっては、何十回・何百回とやっている遊びほど、「古さ」「飽き」を感じやすく、「新しいことを取り入れなければ」と思うかもしれません。しかし、遊びのレパートリーが少ないことは、実はそれほど重要ではありません。なぜなら、**子どもたちが変わっていくから**です。

　担当するクラスが変われば、子どもたちの顔ぶれが変わるのはもちろんのこと、たとえ同じ子どもたちであっても、昨日と今日、今日と数か月後では、子どもたちの興味・関心や、できることは変わります。すると、同じ遊びでも、遊び方や展開が変わります。

　ですから、レパートリーを増やすことはあまり重要ではありません。それよりも、**子どもたちがたっぷりと遊び込むことが大切**です。具体的には、左のページで解説します。

レパートリーを増やすよりも大切にしたいこと

子どもたちとの造形活動で、保育者のみなさんに何より大切にしてもらいたいことを３つ紹介します。

その1 作った作品で遊び込む

空き箱で乗り物を作ったなら、みんなでドライブごっこをする。みんなで動物の絵を描いたなら、棒をつけてペープサートにして動物園ごっこをする。こんな風に、作ったもので遊び込んでいきましょう。ごっこ遊びというのは**「頭の中に想像した世界」を「言語表現」で共有していくもの**です。一方、「頭の中に想像した世界」を「造形表現」で形にしたものがお絵描きや工作です。つまり、子どもたちはお絵描きや工作を通してイメージを「手」で表現することを楽しみ、それを使ってごっこ遊びをすることで、今度はイメージを「言葉」で表現しあうことを楽しんでいるのです。

幼児期の造形活動で特に大切にしたいことは、この**「イメージを形にするおもしろさ」「イメージを他者と共有するおもしろさ」をたっぷりと味わうこと**です。それには、身近な方法で、子どもたちだけで気楽に使いこなせる道具や、身近な材料で何度でも遊べる環境が大切です。

身近な方法とは、お絵描きや廃材遊び、自然物を使った工作、粘土遊びなどです。「もっといろいろな技法に出会わせてあげないと」と思う人もいるかもしれませんが、小学校でも様々な技法に出会います。

反対に、学校では作品を完成させることに重きが置かれ、自分の作品で友達と「遊び込む」という時間はほとんどありません。そう考えると、幼児期ならではの「遊び込む」体験をたっぷり積み重ねてもらいたいと思います。

その2 子どもたちに教えてもらう

「そうはいっても、遊びをどうふくらませていいかわからない」というときは、子どもたちに教えてもらいましょう。**「この材料で何か作れそうかな？」と直接聞く**のもよし、**素材を用意して、子どもたちが自ら探索するのを観察する**のもよし。子どもたちは、遊びの世界を広げる天才です。「子どもたちが教えてくれる」と考えてみると、造形活動を気楽に実践してもらえるのではないでしょうか（詳しくはP.74参照）。

その3 子どもたちの「変化」から広げる

子どもたちは日々成長し、変わっていきます。**その「変化」をいかにキャッチできるか**が、造形活動と遊びにおいても大切です。

同じ遊びでも「今の子どもたちは、こんなふうになるんだ」と気づいたときに、その都度、「じゃあ、こんな材料もあるよ」「こんな道具もあるから使ってね」と、子どもの展開に合わせて環境を広げていきます。

Q

「まだやりたい」という子がいる中で、活動をどのように終わらせたらいいのでしょうか？

H

子どもたちの「意欲」と「納得」を第一にして、あとの予定を考えましょう

子どもが納得してから次の活動に移ることを意識しましょう

保育において、あらゆる遊び・活動の中で特に大切なことは、子どもたちの「やりたい」という「意欲」や、「もっとやる」「もう終わりにする」といった「自己判断」でしょう。

なぜなら、**幼児期は、自分の興味や好奇心、価値観や判断基準の土台をつくる時期**だからです。1日の中の様々な場面において、**自分で考え、自分で決めることの積み重ねが「自分の土台」をつくっていく**のだと思います。

ですから、次の予定を急ぐよりも、**子どもたちがその活動に納得してから次の予定に移ることが大切**です。「もっとやりたい」という子がいるなら、基本的にはその思いに合わせて「計画のほうを変える」という考え方を意識するといいのではないかと思います。

このような保育観を前提としながらも、そうはいっても昼食など担任の判断だけでは予定を変えにくい活動があったり、子どもたちの中には「活動を終わりにしたい子」もいるでしょう。そうした細かな状況への対応について、ケース別に整理していきましょう。

保育者ができる配慮と工夫

子どもの思いに寄り添うためにできる配慮と工夫について、３つのケースに分けて紹介します。

CASE 1

予定を変えるのがむずかしい場合

昼食や帰りの時間など、生活面に関するスケジュールは、予定を変えづらいかもしれません。このような場合は「ごはんのあとも続きをやりたい人はやろうね」「明日も続きができるように材料はこのままにしておくね」など、**「やりたい」思いに寄り添いながら、子どもたちに納得してもらって、一度活動を終わらせるのがポイント**です。

CASE 2

別の遊びや予定に移りたい場合

保育者が別の遊びや予定に移りたいから活動を終わりにしたいと考えているのであれば、そこは立ち止まりましょう。**大切なのは「保育者のしてほしい」よりも「子どものやりたい」**です。「もっとやりたい」という子がいるなら、保育計画のほうを子どもたちに合わせることを考えていきましょう。

CASE 3

まだやりたい子と終わりにしたい子、どちらもいる場合

この場合は、**「終わりにしたい子」が増えてきたタイミングで一度区切るのがポイント**。「続きをしたい子は、こっちで続きをやろう」「終わりにする子はこっちで好きな遊びをしよう」と、スペースを分けることがおすすめです（終わりにしたい子が少ない場合は、全体では区切らず、個々に「終わったら好きな遊びをしてね」と声をかけます）。

一度、活動を終わりにした子も、続けている友達の作品や遊ぶ姿を見て、「またやりたい」と戻ってくる場合があります（P.43「途中で『やりたい』といってくる子」参照）。続きをやりたい子は続けられて、ほかの遊びをしたい子は自分の遊びができるように部屋の中の配置を工夫したり、保育者の配置を工夫したりしながら、両方の思いが実現できる環境を整えていきましょう。

Q はさみの指導方法に悩んでいます。指導をはじめるタイミングやポイントはありますか？

H 子どもたちの発達と保育環境からタイミングを見極めましょう

子どもの発達と、サポートできる保育者の人数を照らし合わせて考える

はさみを取り入れるタイミングは、子どもの様子によって変わりますが、ここでは2つのタイミングを考えてみましょう。

【タイミング❶】
主に1・2歳児（はさみを知る）

保育者が子どもたちの前ではさみを使って紙を切ると、子どもたちは興味をもちますね。ただ、子どもがはさみをつかんでも、いきなり紙を切るまねができるわけではありません。

まずは、穴に指を入れたり、指を入れて動かすと刃が動くことを理解したり、はさみを動かしたくても、自分の思い通りに指が動かせないことに気づいたりします。こうして、**はさみを通して、自分の体の感覚とはさみの動きを探索しながら、「はさみを知る」**ことを楽しみます。

この段階では、持ち方を何度も指導する必要はありません。一度持ち方を教えて、もし自分の好きに持ちかえるならそれでいいのです。子どもは、自分の発達の状態で一番持ちやすいように持つからです。遊びを通して発達が整うと、しぜんと正しい持ち方をするようになります。

この段階で保育者が配慮するポイントは主に2点でしょう。

〈配慮①〉

刃先が子どもの顔や体のほうに向かないように注視します。切る対象の紙を前に出すように伝えると、刃先が紙のほうに向くので危なくなくなります。

〈配慮②〉

はさみを使っているときに子ども同士がぶつからないよう、まわりに走っている子がいる場

合は使うのを避けます。

以上の2点をふまえ、1・2歳児クラスでは、子どもに対して保育者の人数が多く、一人ひとりサポートし、向き合えるときが取り入れるタイミングといえるでしょう。または、保育者が一人ならはさみも1本にして、はさみを持っている子をきちんとフォローできる環境であれば、はさみを取り入れるタイミングといえるでしょう。

そうした環境づくりがむずかしい場合は、子どもたちがもう少し自分の体を使いこなせるようになってからがよいでしょう。

【タイミング❷】
❶を経験した1・2歳児や3歳児(はさみで切ることを楽しむ)

はさみにふれ、はさみのしくみと自分の手指の使い方がわかってきた子は、切ることを楽しもうとします。また、発達が進んできた3歳児も同様です。

しかし、利き手ではさみを持ち、反対の手で紙を支えることがうまくできない子もいます。右手と左手が違う動きをすることに対して、まだ脳が連動できていないからです。紙を支えようとして持つほうの手に意識が行くと、はさみを持つ手の意識が薄まり、ひじがあがって刃先が自分に向いてしまいます。

ここで支援のポイント。「危ないでしょ、刃は前だよ！」など指導しないことが大切です。危ないとわかっていないのではなく、まだ発達途中だからできないのです。この場合は**指導するよりも、保育者が紙のほうを支えてあげて**ください。はさみを持つ手に意識が戻ると、ひじはしぜんと下がります。

また、子どもたちは、最初は「ザクッ」と一回切りをくり返し、次第に「ザクッザクッザクッ」と連続で切れるようになっていきます。

ここでも支援のポイントです。**一回切りの時期は、短冊状の画用紙を用意**しましょう。紙が細長いと安定しやすく、一回切ると画用紙が切り落とせます。

はさみは大人が教えるから使えるようになるのではなく、自分の体を使って遊びながら試行錯誤するうちに、しぜんと使えるようになります。

Q 作品の**展示の仕方のポイント**を教えてください。どうすれば子どもの**思いや育ちが伝わる**のでしょうか？

H 「育ちを見せる」という意識から「育ちの見方を伝える」という意識に変えてみましょう

誰かと比べるのではなく、育ちの見方を保護者に伝えることを大切に

作品は、展示の仕方で子どもの思いや育ちの伝わり方が大きく変わります。それならば、子どもたちの成長を大いに感じられる展示にしたいですよね。

まず、作品の展示について考える上で、みなさんが一番大切にしていることは何でしょうか。子どもたちの作品を魅力的に飾ること？　特別なテーマで、大きなスケールで、共同の作品を見せること？　いろいろな考えがあると思いますが、何よりも大切に考えてもらいたいことがあります。それは、**保護者に「育ちの見方を伝えること」**です。なぜなら、乳幼児期の造形活動は、月齢や家庭の遊び環境によって大きな差があるからです。

子どもたちの作品を完成度だけで比較すれば、上手な子と、つたない子がいるのは当然です。しかし、それは比べるから「上手」「つたない」と見えるだけ。それぞれの作品には、**その子の「今」という育ちの線や形**が表れています。きれいな線も、つたない形もすべて、その子の育ちの軌跡です。

保護者がこの視点をもっていないと、子どもたちの作品は比較されやすくなります。どのようにして育ちの見方を伝えたらいいのかを左ページで見ていきましょう。

作品展示のときに実践したい２つの方法

保護者に「育ちの見方」を伝えるための展示の方法を紹介します。

展示の前に

上手な子の作品に保護者の意識が向かうような展示になってしまうと、線や形がつたない子は、絵や工作が大好きでも、比較の中で苦手意識が育っていってしまいます。そうならないよう、保護者に「子どもたちは一人ひとり優劣なくすばらしいこと」「作品には、その子の『今』という育ちの軌跡が表れていること」「だから、ありのままの育ちを喜んでほしいこと」を伝えていくことが大切です。

展示の方法 1 子どもの育ちや作品のとらえ方を伝えるあいさつ文を添える

まずは、作品展示の最初にあいさつ文を添えること。美術館での展覧会などでも、最初に大きなパネルであいさつ文が掲示されていますよね。あんなふうに、子どもの育ちのとらえ方、作品のとらえ方を伝えるあいさつ文を作るのです。また、事前に配布する作品展の案内の中に、同様の内容を記載するのもいいでしょう。さらには、日ごろの送迎時などの関わりの中で、**保護者に、わが子のありのままの育ちを受け止める子育て観を伝えて**いけるといいでしょう。

展示の方法 2 つぶやきやアイデアの記録を一緒に紹介する

造形活動の過程で子どもたちが発するつぶやきやアイデアを記録し、それを作品と一緒に紹介するのもおすすめです。それによって、保護者は完成度以上に作品にどのような思いやアイデアが込められているかを知ることができます。

例えば、展示の中に、廃材で作った完成度としてはつたないキリンの作品があるとします。ある保護者は、そのキリンを見ただけでは「もっと工夫できないのかな」「もっと上手に作れるように指導してほしい」などと思うかもしれません。しかし、そのときに「このキリンはこういう名前で、どんな友達がいて、何をして遊ぶの好きで……」という子どもの思いが添えてあったら、大人の見方も変わってくるはずです。

こんなふうに、**形には残らない子どもたちの思いやアイデアを作品と一緒に紹介する**ことをおすすめします。

そうはいっても、「私のクラスは人数が多くて、全員の記録をするのは無理です」といいたくなる人もいるかもしれません。そういうときは、まず作品がつたない子の思いや言葉を意識してキャッチするようにしましょう。なぜなら、作品の完成度が高い子のほうが、作品だけで保護者に伝わる育ちも多いからです。

Q 子どもたちに合った素材の選び方がわかりません。選び方の基準はありますか？

H 自由遊びの環境の中で素材をお試しで用意し、子どもたちがどのような使い方・遊び方をするかを見てみましょう

子どもたちに合った素材かどうかは子どもたちの反応を見て考える

造形活動の素材は、**自由遊びの中でお試しで用意して、子どもの姿から判断するのがおすすめ**です。

例えば、新聞紙の場合。それで遊ぼうと思って出したものの、子どもが口に入れてしまいそうな様子が見られるなら、合っていないということになります。

しかし、丸めたり、破ったり、クシャクシャと握る音を楽しんでいる様子が見られたら、その子たちに合った素材となります。これは素材そのものにふれるおもしろさの発見であり、P.12で紹介した「知っておきたい『表現の3段階』の中の「行動表現」に当たります。

次に、素材が「見立て」の遊びに発展するかどうかも見てみましょう。「表現の3段階」でいえば「行動発想表現」に当たります。見立てて遊べる素材であれば、より子どもたちが楽しめる素材ということになります。

最後は、子どもがその素材を作りたいものの材料として使うかどうかです。見立てを経て、「この材料があれば、あれが作れるぞ」と気づき、作りたいもののイメージを形にしていくこと、つまり「想像表現」がおこなわれるかどうかを見ます。

左ページで、それぞれについて詳しく解説します。

発達に合った素材かどうかを見極めるポイント

廃材や自然物などたくさんの素材がある中で、それらが子どもたちの発達に
合っているかどうかを見極める３つのポイントを紹介します。

ポイント 1

素材自体のおもしろさを「発見」するかどうか

素材を出し、子どもたちがそれにふれたとき、まずは口に入れないかどうかなどの安全面に配慮しましょう。そして、素材の感触をおもしろがるなど、素材そのものに対する発見があるかどうかを見ます。

新聞紙なら、握ったらたくさん玉ができておもしろい、ちぎったらたくさんの紙片ができておもしろい、カサカサという音がおもしろいといった発見が生まれ、それらをくり返し楽しむ様子が見られたら、その子たちに合った素材といえます。

ポイント 2

素材に対して「見立て」をするかどうか

素材にふれて遊んでいるうちに、見立てが起こるかどうかを見ます。

紙を丸めていたらおにぎりに見えた、クシャクシャに丸めて広げたら、人形の布団に見えた、握って細長くしたらヘビに見えた、それをつなげたら線路に見えた、輪にしたらドーナツに見えた……など。

できた形に意味づけをおこない、遊ぶ様子が見られたら、その子たちに合った、より遊びが広がる素材といえます。

ポイント 3

素材を作りたいものの「材料」として使えるかどうか

材料として使うときには、切りやすさや貼りやすさといった使いごこちを見てみましょう。使いやすければ子どもたちに合った素材といえます。反対に、一人で使うのがむずかしい道具を使わないと扱いにくいということであれば、子どもたちには合わない素材といえます。

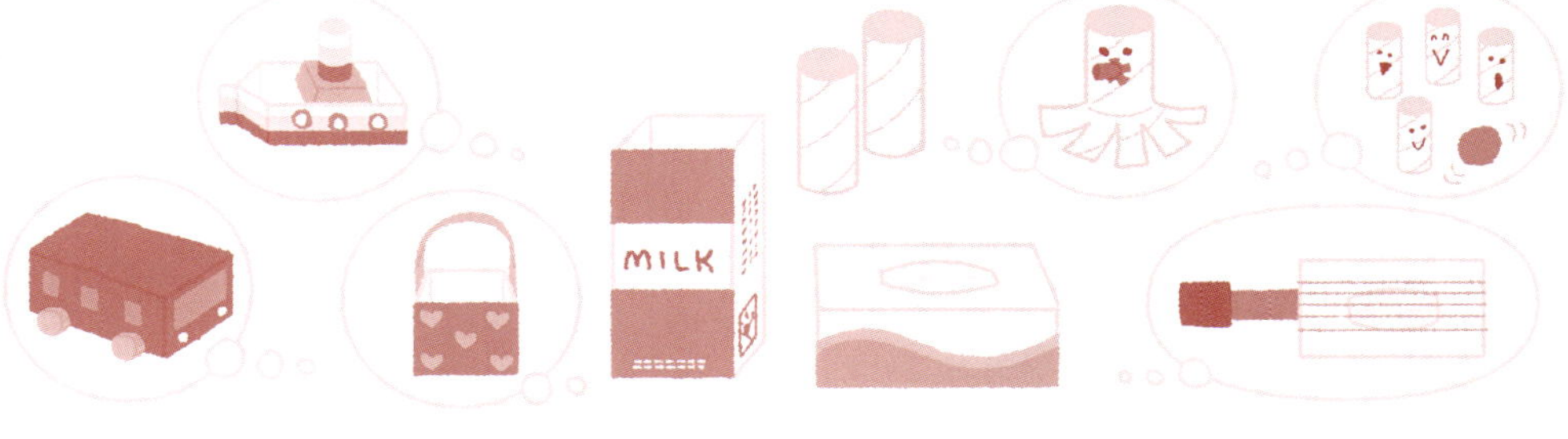

Q

子どもたちの想像力や創造力を育むためには、どのような言葉をかけるのがいいのでしょうか？

H

作品の世界に共感する言葉かけを意識しましょう

評価される喜びよりも表現する喜びを

みなさんは、日ごろの造形活動の中で、子どもたちにどのような言葉をかけていますか？

「上手だね」とか「きれいにできたね」といった言葉をかけることが多いのではないでしょうか。一番に気をつけてもらいたいことが、この「評価」の言葉かけです。

なぜなら、**評価される経験を重ねていくことで、子どもたちの価値基準は、「自分の満足」よりも「他者評価」のほうが大きくなってしまう**からです。

確かに、ほめられたらうれしいものですよね。しかし、ほめられていくうちに、子どもたちの中ではだんだんと自分を表現する喜びよりも、好きな人（保育者や保護者や友達）に評価される喜びのほうが勝っていってしまいます。

最初は、自分の「好き」「描きたい」「作りたい」を原動力に手を動かしていたのに、気づけば、まわりにほめられたいから描いたり作ったりするようになり、さらには、自分の表現したいものがわからなくなってしまう。課題があればのびのび表現できるのに、「自由に」となると、「先生、何を描いてほしい？」と聞いてくる。そんな子、身近にいませんか。

こうした姿の要因には、評価の言葉かけが大きく関わっていると思います。では、子どもたちが好きなものを好きなように描いたり、作ったりする雰囲気をつくるには、どのような言葉かけが大切か、左ページで見ていきましょう。

好き！描きたい！作りたい！の気持ちを高める「共感」の言葉かけ

言葉かけの具体例や、その効果について見ていきましょう。

まず、表現活動の何よりの醍醐味は？

自分のアイデアや思いをありのままに表現して、自分自身で「すてき！」と満足できることこそが醍醐味です。自分のイメージ通りに描けても（作れても）他者の評価がないと満足できないとなってしまっては、本末転倒ですよね。「評価」の言葉かけが悪いということではありませんが、言いすぎには注意が必要です。

では、どんな言葉かけが必要？

おすすめは、**ごっこ遊びをするときにかけているような「共感」の言葉かけ**です。例えば、子どもが食べ物の絵を描いたなら、「おいしそう！　ちょっと味見してもいい？」といって食べるまねをしたり、乗り物の絵を描いたなら、「先生も乗ってみたいな」とか「遠くまで行けそうだね」といったその子の作品世界に共感する言葉をかけることが大切です。

すると、どうなる？

子どもたちは「評価される喜び」ではなく、自分の想像を「表現できた喜び」を味わいます。こうした関わりは、**「他者によって得られる自信」ではなく、「比べない自信」を育む**でしょう。

共感の言葉かけ＋ごっこ遊びがおすすめなワケ

子どもが自分の作品に満足した状態というのは、「自分一人」で想像したイメージです。それに対して、作品世界に共感するような言葉かけやごっこ遊びというのは、「他者と一緒に」想像をふくらませるイメージです。私たちの日常でも、休日どこに出かけようか一人で考えるより、友人と話したほうが計画が盛りあがる場面がありますよね。これと同じです。

保育者や友達とごっこ遊びをすることによって、子どもたちの想像する世界のディテールは、より具体的になります。すると、その具体化された部分を「もっと作りたい！」となり、また造形活動に戻ります。こんなふうにして、造形活動とごっこ遊びを行ったり来たりすることが、子どもたちの想像力・創造力をよりふくらませていきます。

COLUMN

クラスの掲示物にセロハンテープを貼って遊ぶ子

ある日、園でセロハンテープを使った造形活動をしていたときのことです。Bくんがテープを切って、「いいこと考えたぞ！」という顔で保育室の壁のほうへ歩いて行きました。そして、ラミネート加工して掲示されていたメダカの写真の上に、それを貼りはじめたのです。

担任の先生はびっくり。今にも注意しそうな様子だったので、ぼくは「彼は何か考えがありそうだから、少し見ていてみましょう」といって一緒に見守ることにしました。

すると、テープを貼り終えたBくんは、それと部屋にある水槽を見比べて「違うか」といって、テープをはがしました。透明なテープをメダカの上に貼れば、水槽の中にいるように見えるのではないかと考えたようです。すばらしい発見と実証実験ですよね。

もちろん、みんなの掲示物にテープを貼ることがいいわけではありません。しかし、注意の言葉をかける前に少し立ち止まって、その子の表情や動きを見てみてください。きっと、その子なりの理由や気づきがあることが見えてくるはずです。どのような場面でも、子どものひらめきや思いに寄り添いながら関わることを大切にしたいですね。

もし、このときBくんが気に入ってテープを貼ったままにしたとしたら、どうするべきでしょうか。ぼくの場合は、すてきなアイデアに共感しつつ、それはみんなの掲示物であることも理解してもらいます。そして、テープを貼った様子を写真におさめて納得してもらってから、テープをはがすことを提案すると思います。

part

5

保護者のホンネにこたえる

子どもたちの主体性や一人ひとりのペースに寄り添って
造形活動をするためには、保護者の理解を得ることも大切です。
保護者の思いや悩みに対する対応のポイントを解説します。

保護者のホンネ

絵の具遊びのとき、
汚れてもいい服を準備していますが、
実際に汚れた服を見ると
「もう少し気をつけてほしいな」と
思ってしまいます

活動の魅力をていねいに伝えましょう

今回のような保護者の思いの理由は、主に2つあるように思います。

1つは、洗濯が大変だから。もう1つは、そもそも汚れることをあまりよく思っていないから。この2つが、「わが子の充実」よりも大きくなってしまうと、汚れた服で帰ってくることをあまりよく思えないかもしれません。

逆にいえば、**わが子の充実、つまり汚れやすい遊び・活動がいかに魅力的で、大切かということを理解してもらえたら、その負担は軽くなる**と思います。

ここでは、「子どもの汚れる遊びの魅力」について整理していきましょう。併せて、汚れを気にする保護者に対して、どのように説明したら理解してもらえるのかを考えていきましょう。左ページに、汚れる活動の価値と具体的な伝え方のポイントをまとめました。

汚れる活動の価値

２つのポイントとともに、保護者への伝え方の例を紹介します。

ポイント1 「汚れる素材だからこそ、得られる体験がある」

絵の具やクレヨンは、服につけば汚れる素材だからこそ、絵を描いたり、混色を楽しんだりすることができます。同様に、土・砂・泥などは汚れる素材だからこそ感触を楽しんだり、変化を見つけたりと、様々な学びが得られます。

（伝え方の例）

「絵の具遊びのあとって、
家での洗濯が大変ですよね。
でも、自分の手指の力加減が線になったり、
混ぜたら色が変化したり、
そういう体験はほかの素材では
なかなかできません。
子どもたちは、**汚れる遊びを通して
五感で感じて、発見して、学んでいます**から。
お洗濯ファイトです」

ポイント2 「汚れに見える育ちがある」

汚れに見える育ちとは、「汚れを気にする」「汚れたらお母さんやお父さんが困る」といった他者視点よりも、自分の興味や好奇心が勝ったということです。汚れは、子どもたちが夢中に過ごした証ともいえます。

（伝え方の例）

「Ｃくん、最初は汚れないように気にしながら
遊んでいたんですよ。だけど、途中からそれも
忘れて夢中で楽しんでいました。
これって、とてもすてきなことですよ。
だって「汚れたらどうしよう」って、あとのことを
心配するよりも、**自分の今の『おもしろい！』という
気持ちを優先できたということ**ですから。
洗濯は大変だと思いますが、Ｃくんの気持ちを
いっぱい受け止めてあげてくださいね」

お風呂に入るときに、子どもが自分で下洗いをするのもおすすめです。子どもが汚れを落としている隣で、「今日もいっぱい遊んだんだね。どんな遊びだったの？」などと聞いてみると、子どもの発見や感動を聞けることが少なくありません。

また「お洗濯、がんばれ！　がんばれ！」と声をかければ、「汚れて洗うのが嫌だから、もう遊ぶのをやめよう」などと思わず、遊ぶことに前向きになります。保護者の洗濯の負担も軽くなって◎！

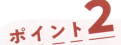

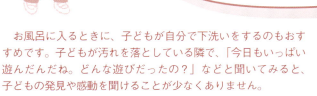

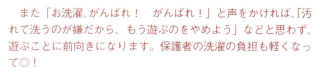

保護者の

ホンネ

園で作った作品を頻繁に
持ち帰ってきます。子どもの思いが
詰まっているのは理解していますが、
保管の仕方に困っています

また作れることを保証した上で子どもと一緒にかたづけを

子どもの作品は、すべてが成長の奇跡です。全部残せたらいいのですが、家は家族みんなで過ごす場所。すべてをとっておくとなると、きっとみんなのスペースがなくなってしまいますよね。それを子どもにも伝えて納得してもらい、作品を保管するスペースを決めて「ここに置ける分だけ残しておこう」とルールをつくるのがおすすめです。

また、かたづけるものは、**写真に撮って記録しておくとよい**でしょう。子どもには「また作りたくなったら、そのときは写真を見て材料を用意するのを手伝うね」と約束し、**次があることを保証することも大切**です。

保管とかたづけのポイント

子どもが納得してかたづけられるよう、家庭にも3つのポイントを伝えていきましょう。

ポイント1

スペースに限りがあることを子どもにきちんと伝える

「作品を残しておきたい」という子どもの思いを大切にすると同時に、スペースのことをわかってもらうことも大切です。自分の思いと他者の思いがぶつかったときに、折り合いをつけることも育ちの1つだからです。親子で話し合いながら、お互いに寄り添う着地点を見つけましょう。

いらないから捨てるのではないことも子どもに伝え、理解してもらうことも大切です。

ポイント2

かたづける作品の写真を撮り、また作れることを約束する

写真を撮っておくと記録になるとともに、再びその作品を作るときに参考になります。そして「作りたくなったら、材料を用意するのを手伝うね」などと約束しておくと、子どもも納得しやすくなります。

ポイント3

どの作品をかたづけるかは子ども自身が決めるようにする

子どもにとってはすべてがお気に入りの作品であることも多く、どれをかたづけるかを判断するのはむずかしいものです。「古いから」など、大人の価値観で勝手にかたづけるのではなく、子ども自身がとっておく作品とかたづける作品を決め、納得してかたづけられるようにするとよいでしょう。

保護者のホンネ

絵が得意な子に育ってほしいと思っているのですが、
どのようなことを大切にしたらよいのでしょうか

「もっと描きたい」「描くって楽しい」と思える経験を大切に

幼児期は、描くことのうれしさ・楽しさにたくさんふれ、「絵を描くっておもしろい」「工作って楽しい」と思えるような経験を積んでいくことが大切です。「好きこそものの上手なれ」といいますが、描くことが好きで、もっと描きたいと思う子は、自ずと絵が得意になっていきます。

そのためには、「上手だね」などと評価したり、「もっとこうしてみたら？」と指導するような関わりは必要ありません。

そのかわりに、**子どもの作品に共感するような言葉かけを心がけてみて**ください。評価を得る喜びではなく、表現すること自体の喜びが増えていくと、子どもの「もっと描きたい」という思いにつながっていくでしょう。

保護者のホンネ

保育参観での親子製作が苦手です。そもそも、**親子製作にはどのような意味があるのでしょうか**

作るうれしさや楽しさを親子で共有することが第一

保護者の中にも、「下手だから」という理由で造形活動に苦手意識をもっている方はいることでしょう。

ぼくは、研修会などで保育者のみなさんに「下手は魅力です」と伝えています。見本の完成度が高いと、子どもたちは「先生作って！」となりがちです。それは、保護者も同様。〝下手っぴ〟くらいがちょうどいいのです。

そもそも親子製作は、親のスキルを披露する場ではありません。主役は子ども。子どもは、**自分が好きな遊びを保護者が隣で一緒に楽しんでくれることがうれしい**のです。保護者にも、その時間を楽しんでもらいたいですよね。親の楽しそうな姿は、子どもたちに安心感をもたらします。

園からは、そうした親子製作の魅力をあらかじめおたよりなどで伝えておきましょう。

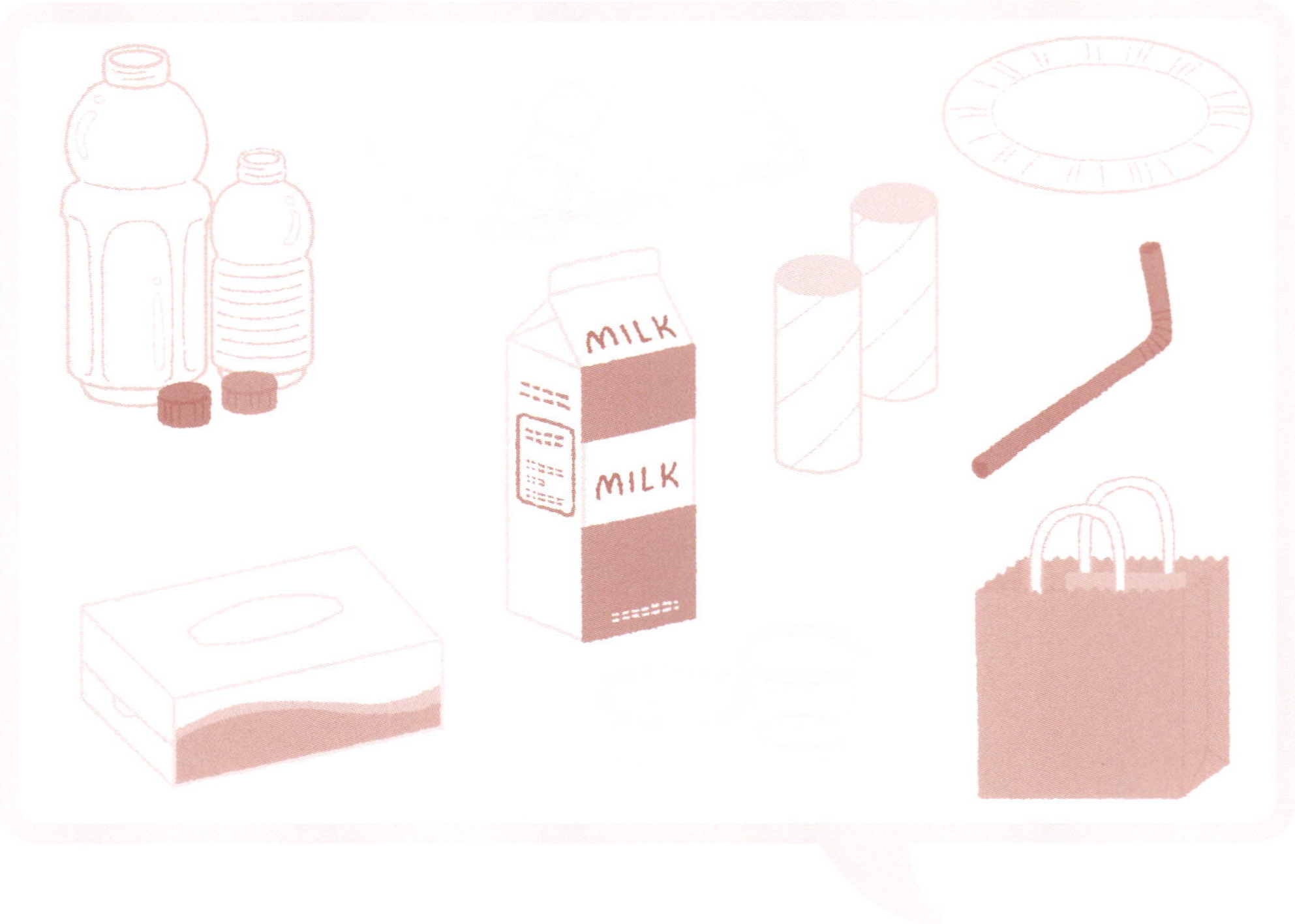

保護者のホンネ

わが子は工作が大好きです。家で**身近にあるものを使って工作を楽しむ**ときに心がけておくといいことはありますか

作りたいときにいつでも作れる環境を大切に

P.10『環境設定』の3つのポイント」でも紹介した通り、造形遊びは子どもの「作りたい」「描きたい」といった思いからはじまります。家庭でも同様に、子どもが「やってみたい」と思ったときにすぐに実践できるよう、**目の届くところに作って遊べる材料や道具、場所を用意できるといい**ですね。

ぼくの家では、リビングの一角に工作コーナーを設けています。子どもたちは何か思い浮かんだらいつでもそこへ行き、材料と道具を出して工作をはじめます。例えば、割りばしと輪ゴムで鉄砲を作ったり、空き箱や廃材で乗り物を作ったり。

家庭でも、こうして形の組み合わせや見立てを楽しんでもらえたら、子どもたちの「作って遊ぶ楽しさ」は、いっそう深まっていくはずです。

家庭での準備や配慮のポイント

子どもの「作って遊ぶ楽しさ」を深めるための３つのポイントを紹介します。

ポイント1
いつでも作って遊べる場所を用意する

安全のためにも、リビングなど大人の目の届く場所の一角に、いつでも作って遊べる場所を用意するのがおすすめです。棚やかごを置き、廃材などの材料や道具を整理しておきます。はさみなど子どもが一人で使うには心配な道具はしまっておき、使いたいときに出すなど、園での使い方のルールも参考にしてもらえるように家庭に伝えていきましょう。

ポイント2
いつでも使えるように材料を用意する

紙パック、ティッシュペーパーの箱、トイレットペーパーの芯、ペットボトル、食品トレー、割りばし、ゼリーやプリンのカップなどの廃材のほか、お絵描きできる紙や折り紙などがあるといいでしょう。道具は、クレヨンやペンといった描画用のもの、セロハンテープやのりなどの貼る・つなげることができるもの、年齢によって、はさみをそろえておけるといいですね。

ポイント3
親は見守りと補助と共感

子どもにアイデアの引き出しが少ないと、大人はつい手を出しがちですが、大人が上手に作ると、子どもはそのあとも「作って」となってしまいます。基本は見守り、子どもだけではむずかしいところはサポートしながら、作品の世界に共感しましょう。

著者

矢生秀仁

こども環境デザイン研究所代表

全国の保育所・幼稚園・小学校を中心に造形ワークショップの実践と、子どもの遊びと環境に関する研究をおこなっている。

また絵本作家としても活動しており、現在は「たんけんハンドル」シリーズ（偕成社）が発売中。

●こども環境デザイン研究所　http://kodomokankyo.jp

STAFF

本文デザイン／ohmae-d

カバーデザイン／深澤祐樹（Q.design）

撮影／竹中博信

モデル／小野春乃・木戸陽菜・木戸愛菜・齋藤優希・齋藤孝太・嶋野衣都・嶋野綸仁・高瀬 杏

本文イラスト／タオカ ミカ・ふわ こういちろう・福島 幸

カバーイラスト／福島 幸

執筆協力／奥島俊輔

編集／中村由美

本書は、『ひろば』での連載（2021年度・2023年度）・特集記事をまとめ、加筆・再編集したものです。

子どもに「させる」から、
子どもが「したくなる」へ

造形活動が変わる！

2024年7月1日　初版発行

著者／矢生秀仁（こども環境デザイン研究所代表）

発行人／竹井 亮

発行・発売／株式会社メイト

〒114-0023 東京都北区滝野川7-46-1

明治滝野川ビル7・8F

TEL 03-5974-1700（代表）

製版・印刷／光栄印刷株式会社

ISBN978-4-89622-515-0　C2076